SaaS 商业实战

好模式如何变成好生意

代珂 ◎ 著

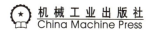

图书在版编目（CIP）数据

SaaS商业实战：好模式如何变成好生意 / 代珂著. -- 北京：机械工业出版社，2021.5（2022.4 重印）
ISBN 978-7-111-67958-5

I. ①S… II. ①代… III. ①计算机应用 - 企业管理 IV. ①F272.7

中国版本图书馆CIP数据核字（2021）第063129号

SaaS商业实战：好模式如何变成好生意

出版发行：机械工业出版社（北京市西城区百万庄大街22号　邮政编码：100037）
责任编辑：韩　蕊
责任校对：殷　虹
印　　刷：北京联兴盛业印刷股份有限公司
版　　次：2022年4月第1版第3次印刷
开　　本：147mm×210mm　1/32
印　　张：8.75
书　　号：ISBN 978-7-111-67958-5
定　　价：89.00元

客服电话：（010）88361066　88379833　68326294　　投稿热线：（010）88379604
华章网站：www.hzbook.com　　读者信箱：hzjsj@hzbook.com

版权所有 • 侵权必究
封底无防伪标均为盗版

赞誉

国内 SaaS 领域方兴未艾，亟待更多好书。恭喜我在纷享销客的老同事代老师新书付梓！他是经历了软件时代和 SaaS 时代的资深售前及销售专家。与我的那本 SaaS 书不同，《SaaS 商业实战》对商业模式、SaaS 价值做了更深入的探讨，针对 SaaS 营销和服务的各个环节给出了代老师的实战见解，值得细读。

——吴昊 《SaaS 创业路线图》作者，SaaS 创业顾问

中国少有能真正从全局剖析 SaaS 产业的专家，更缺乏经历过艰难探索，踩过无数坑，最后还能把 SaaS 写成精彩文字的记录者。代珂老师满足了这些条件，他眼中的 SaaS 始终与众不同。我一直想知道中国 SaaS 到底是怎么发展的，如果你也有同样的疑惑，不妨看看这本书吧。

——李晓松 3W 集团 ToB 行业头条主编

了解代珂兄是从另一位 SaaS "老炮"那里，他们都是 SaaS 的创业者和先行者，后来都转型为独立顾问，帮助了很多初创

SaaS 企业从摸着石头过河到走上康庄大道。现在代珂把这些经验都融入本书，理论结合实践，深刻阐述中国的 SaaS 该如何走，颇具借鉴意义。本书从获客到留存，覆盖 SaaS 企业从生存到发展的所有内容。阅读本书一定让你有醍醐灌顶的感觉。

——刘徽 《客户成功：持续复购和利润陡增的基石》作者

十年前，SaaS 在中国还是一个时髦词；现在，大多数中国企业都用上了各式各样的 SaaS 工具。但是，困惑依然不少，如何持续盈利？好模式如何成为好生意？如何真正做到"客户成功"？这条路上有很多坑，也有很多洞察。本书作者用十余年的经验带给读者他的实践与思考。

——班丽婵 CMO 训练营创始人兼 CEO

序 1

2019年开始，伴随着千帆计划发布，我逐渐深入SaaS行业和生态，亲历了这个行业的快速发展和蓬勃生机。传统软件厂商拥抱变化，创业者如雨后春笋，互联网和云服务商重兵投入，大家都意识到企业数字化转型的市场会随着客户意识的觉醒和中国社会商业化的日趋成熟，成为未来十年重要的发展机会。

国内的SaaS市场是跨越式发展的，它不像欧美是软件市场成熟模式下的一个变革，而是在软件还在"小学生"时，直接进入云时代。在这个过程中，过去我们熟悉的在消费互联网时代"抄作业"的模式是行不通的，国内客户的商业模式和使用习惯有其自身的特点。在千帆生态数百个合作伙伴中，真正脱颖而出的成功者，无一不是站在客户视角去解决问题、创造价值的。

代珂在《SaaS商业实战》中，通过对十几年从业经验的思考与洞察，向我们介绍了在SaaS市场中如何寻找客户价值，如何一步步地走向商业成功。《SaaS商业实战》对创业和从业者都是一本值得阅读的好书。

答治茜

腾讯云副总裁/千帆计划负责人

2021年4月19日

序 2

过去十几年，中国互联网行业在 ToC 领域发展迅速，无论是技术水平、公司市值还是影响力，都丝毫不逊于国际互联网巨头。但是在 ToB 领域，却是另一番景象。记得 2016 年底，我离开美国时，SaaS 巨头 Salesforce 当年实现营收超过 50 亿美元，而当时国内没有 SaaS 软件公司年营收达到 1 亿美元。行业内交流时，大家一致认为 ToB 做起来非常吃力。

为什么在美国流行的 SaaS 在中国的发展不如预期？ToC 面向的是个人，面对人性的产品，基本上全世界通用，较低的通信成本也加速了移动互联网的生态发展。而 ToB 面向的是组织，中国的组织形态比许多国家要丰富得多，有些照搬国外 SaaS 理念的产品在中国落地时就遇到了各种难题，尤其是面对大型企业提出的复杂定制化需求和数据安全要求时，它们往往手足无措。

我一直相信 SaaS 和开源会是未来大部分软件的存在形式，过去几年，我也一直致力于推动数字化转型向 SaaS 和开源方向发展。很高兴看到，这些年中国的很多 SaaS 产品克服了发展中的各种困难，找到了自己的价值点，产品也在不断完善。尤其是

2020年之后，市场环境和业务节奏变得更快，对企业的在线协同能力和数字化程度要求更高，很多大型企业也开始接受 SaaS。SaaS 带来了生产效率的极大提升——在不确定性提升的时代里，时间是最宝贵的。

代珂作为一名一线大客户销售 VP，过去几年经历了中国 SaaS 发展的各个阶段，也作为项目经理全程参与了 SaaS 在大型公司的项目落地。相信他这本书对于 SaaS 的解读，能给大家提供洞察 SaaS 的独特视角和深刻启迪。

沈旸

神州数码集团副总裁兼 CIO

2021 年 4 月 21 日

序 3

2021年上海国际车展的主题是"拥抱变化",造车新势力和传统主机厂竞相推出精彩纷呈的新能源智能汽车,百年汽车产业从功能时代加速迈入智能时代。

不仅是汽车产业,如今各行各业都在酝酿或发生着一系列转型及变革,企业管理软件诞生于20世纪70年代,浓缩多个行业最佳实践并且帮助无数企业的业务以成熟的姿态走向全球。1999年创建于旧金山的Salesforce开创了一个新的云时代,时至今日其市值已经超过2100亿美金。我国互联网产业从20世纪末开始蓬勃发展,在面向消费者的移动互联网领域已经诞生了一批世界级巨头。现如今各个行业的转型升级都在如火如荼地进行,我们有理由相信企业管理软件领域也一定会出现一批优秀的新势力,在数智化时代帮助企业客户取得成功,自身也成为世界级的领先企业。

代珂在企业服务领域有非常丰富的经验,不仅熟悉传统的ERP系统实施落地,也亲身参与了SaaS企业的创业,从0到1建立起企业软件产品和交付的新模式,这些实操经验对于SaaS

从业者有很大的帮助。这本书从价值定位、盈利模式、关键资源以及关键流程4个维度深入剖析了SaaS，可以帮助我们更准确、更深刻地理解SaaS作为一种先进生产力是如何创造更多价值的。代珂把SaaS企业经营的端到端流程进行了梳理和分享，从营销获客、销售成单、产品设计、服务交付、客户成功以及行业生态等多个维度将自己的宝贵经验全盘托出，这是真正的实战智慧提炼。

相信本书能够给SaaS企业管理者、SaaS行业投资人以及更广泛的产业参与者带来很多启发与落地上的指导，这些思考与经验可以更好地助力我国SaaS产业供给侧的升级，期待在不久的将来诞生一批世界级的来自本土的优秀SaaS公司。

赵文杰

安永（中国）企业咨询有限公司业务拓展部总监

前Salesforce大中华区销售总监

2021年4月20日

前言

为什么要写这本书

2008年一个偶然的机会,我读到"今目标"创始人文荣博士撰写的一篇关于SaaS的文章,这种软件使用模式立刻吸引了我。当时我在软件行业已经有超过15年的从业经历,我意识到,SaaS才是软件的未来。于是,我离开了熟悉的传统软件行业,加入"今目标",开启了SaaS创业之旅。

不过,当时我们并没有向用户强调SaaS,因为很难讲明白。我们跟用户说可以租用软件,也就是用户不用自己买软件,租就行了。令我们感到意外的是,即使现在看来"租金"都不便宜的SaaS,居然很快就有了几百家付费用户。这让我们看到了SaaS在企业信息服务领域的美好未来。

十几年过去了,SaaS与当初已经不可同日而语。特别是在国外,SaaS已经发展成为信息服务行业增长最快的领域。正是受国外SaaS市场表现优异的影响,国内SaaS也逐渐成为热门。创业七年后,"今目标"获得了数千万美元的投资。

可以说,本书讲到的每一个错误都是我们自己犯过的,给出的每一个建议我们都违背过,并且书中指出的 SaaS 创业大坑,我们几乎一个都没错过。本书传递出的价值,都是我们通过艰辛的创业经历和惨痛的经验教训总结出来的。

在 SaaS 领域的十余年工作经历,特别是近五年深入的 SaaS 大客户销售经历,让我从客户的角度重新思考了 SaaS,同时也让我产生了把这些经验教训进行总结和分享的想法。于是,我于 2019 年创立了公众号 ToBeSaaS,承蒙读者的厚爱,一年时间获得了近万个关注。同时,我的身份也发生了转变,从一名一线的大客户销售 VP,变成一名专职的 SaaS 咨询顾问。

不过,做公众号和顾问都有很大的局限性,比如每个主题之间并不是连续的,因而缺乏知识的系统性。很早就有公众号读者、我服务过的客户,以及身边的小伙伴建议我写一本书,把这些内容整合起来。恰逢机械工业出版社华章分社的杨福川老师也邀请我写一本关于 SaaS 的书,于是我接受了大家的建议,这也成了我写作本书的动力。

读者对象

本书的读者对象首先是 SaaS 从业者,如果再细分一下,本书对于 SaaS 公司的市场人员、产品经理、销售员、实施顾问、客户成功以及运营等岗位的人员,也有一定的参考价值。其次,本书对于 SaaS 领域的投资人以及利益相关者有一定的参考价值。

最后，因为 SaaS 毕竟是未来企业信息服务的主流，所以读者对象还可以扩大到信息领域的各类业务人员和研究者，比如软件从业人员、云服务提供者、企业的战略规划人员及 CIO 等。

本书特色

本书与同类书稍有不同的是，我并没有把它写成一本 SaaS 规范性指导书，所谓规范性就是教导读者"应该"如何做。首先，由于作者水平和视野有限，无法涵盖 SaaS 应该做的方方面面；其次，如果只是把国外 SaaS 的做法当作规范介绍给国内读者，参考意义也很有限；最后，也是因为本书的视角比较独特，正如我的公众号签名"从生意的角度理解 SaaS"一样，既然 SaaS 是一门生意，那么其成功并无定式。

所以，本书力求从国内企业用户的现状出发，以 SaaS 商业模式为基本理论框架，重点讨论如何将一个好模式，一步步变成一门好生意。特别是从实战的角度，讲述了获客实战、留存实践和增长路径这三阶段是如何做到业务衔接和商业闭环的。

如何阅读本书

本书内容主要分为四个部分。

第一部分（第 1~2 章）介绍 SaaS 在国内企业服务领域的基本情况和发展机会。因为我被问得最多的一个问题是"SaaS 在国内到底有没有发展前景？"所以这部分首先澄清 SaaS 的商业概念，然后从五个方面论述SaaS在国内企业服务市场的潜在机会。

第二部分（第3~4章）介绍SaaS的商业理论。我也经常被问到诸如"做什么SaaS更有机会？""为什么销售这么难？""为什么客户留存这么难？"等问题。导致这些结果的原因有很多，但是最根本的原因是违背了SaaS的商业逻辑。因此，这一部分阐述SaaS的商业模式和SaaS的价值问题，它们是SaaS的商业基础。不理解SaaS的商业模式和价值，SaaS的经营方向就很容易迷失。第3章将SaaS的商业模式总结为价值主张、盈利模式、关键资源和关键流程四个维度，它们构成了SaaS的经营核心。第4章将介绍SaaS的价值模型，将玄妙的"价值"通过模型具象化。无论是选择一个SaaS服务创业，还是正在经营SaaS服务，都可以用SaaS价值模型来验证其价值是否真实存在。这两章的内容虽然读起来比较枯燥，但它们是SaaS创业的理论基础，在很大程度上起到SaaS创业地图的作用。

第三部分（第5章）介绍SaaS从理论过渡到实践的过程。很多SaaS创业都是从一个产品开始的，这样容易导致产品上市后没有市场需求，这也是SaaS创业失败最主要的原因。第5章阐述如何利用前面部分所讲的理论模型，发现业务价值，然后一步步落实到产品特性上，而不是反其道而行，先有产品，然后再回头去寻找价值。

第四部分（第6~11章）介绍SaaS经营的实战内容。对于SaaS公司的市场、产品、销售、实施、客户成功和运营人员等角色来说，这一部分无疑都是"干货"。有了扎实的价值理论基础和优秀的产品，还需要一套可落地的实操方法论，这样才能让SaaS经营系统形成闭环。这一部分以价值型获客为基础，主要讨论SaaS获客、留存和增长三大经营构成及落地到SaaS的营销、销售、实施交付、客户成功和运营增长的每一个环节。

把上述关键经营要素有机地串联起来，就构成了SaaS商业实战的核心内容，描绘出SaaS从一个好模式转变为一门好生意的全过程。

致谢

感谢我这些年服务过的客户和用户，他们不但给予我业务上的支持和帮助，更是我的良师益友。没有他们的合作和支持，我不可能获得这些丰富的实践经验。

感谢我的微信公众号粉丝，他们对SaaS都有非常独到的见解。SaaS让我们结识，并让我们有了很多的交流机会，他们的每个问题和见解，都促使我不断地深入思考。

感谢机械工业出版社华章分社的杨福川老师和本书编辑韩蕊老师，没有他们的辛苦付出，本书也不可能顺利完成。

感谢我的家人。从我开始写作到完稿只有三个月，在此期间，我的家人承担了大部分家务，给了我充足的写作时间，让我得以按计划完成书稿。也感谢我的橘猫"芒果"，它每天晚上陪着我写作到深夜。

最后，谨以此书献给开拓中国SaaS之路的众多实践者。

目录

赞誉
序1
序2
序3
前言

第1章 SaaS 概述 — 1

1.1 SaaS 的演进过程 — 2
1.2 怎样理解 SaaS — 4
1.3 IaaS、PaaS 和 SaaS 的概念 — 5
    1.3.1 XaaS的概念 — 5
    1.3.2 SaaS、PaaS和IaaS — 6
1.4 与 SaaS 有关的几个概念 — 7
1.5 公有云和私有云 SaaS — 8
1.6 SaaS 的优势与短板 — 9
    1.6.1 SaaS的优势 — 9

	1.6.2	SaaS 的短板	11
	1.6.3	SaaS 的短板能补齐吗	12
1.7	企业为什么越来越倾向于使用 SaaS		13
1.8	SaaS 生态的概念		16
1.9	本章小结		17

第 2 章 国内 SaaS 的现状与发展机遇 19

2.1	庞大的企业服务市场		20
	2.1.1	国内企业服务市场分析	21
	2.1.2	什么样的 SaaS 发展前景更好	24
	2.1.3	SaaS 和软件谁的机会更大	26
2.2	企业数字化转型的红利		27
	2.2.1	数字化转型与 SaaS 的关系	28
	2.2.2	企业数字化转型的动因	28
	2.2.3	从转型中发现 SaaS 的机会	31
2.3	企业软件向 SaaS 转型		32
2.4	企业服务细分市场的机会		36
2.5	未被充分认知的蓝海		36
2.6	国内 SaaS 面临的挑战		37
2.7	本章小结		40

第 3 章 SaaS 的商业模式 41

3.1	SaaS 商业模式概述		42
	3.1.1	什么是商业模式	42

3.1.2　SaaS的商业模式为什么重要　45
3.2　SaaS 的客户价值主张　47
　　3.2.1　什么是客户价值主张　47
　　3.2.2　客户价值主张为什么重要　49
3.3　SaaS 的盈利模式　51
　　3.3.1　SaaS的收益模式　52
　　3.3.2　SaaS的成本结构　56
　　3.3.3　SaaS的利润模式　59
　　3.3.4　SaaS的几种收入模型　59
3.4　SaaS 的关键资源　62
　　3.4.1　什么是关键资源　62
　　3.4.2　关键资源的作用　62
　　3.4.3　关键资源的组织　63
3.5　SaaS 的关键流程　64
3.6　本章小结　67

| 第 4 章 | SaaS 价值论　69

4.1　SaaS 的成功是否皆因运气　70
4.2　价值从来就不是 SaaS 的可选项　71
4.3　SaaS 价值模型　72
4.4　SaaS 价值模型的应用　76
　　4.4.1　发现有价值的SaaS服务　76
　　4.4.2　SaaS的价值验证　77
　　4.4.3　发现客户的购买动因　78
　　4.4.4　SaaS的价值定位　79

4.4.5　价值让SaaS营销更容易　　　81

　　　4.4.6　价值量化　　　82

　　　4.4.7　价值竞争　　　83

　4.5　案例分析：Intuit 的成功秘诀　　　85

　4.6　本章小结　　　87

第 5 章　成功的 SaaS 是怎样炼成的　　　89

　5.1　SaaS 创业的难点　　　90

　5.2　选择利基市场与切入点　　　91

　　　5.2.1　选择一个利基市场作为目标市场　　　91

　　　5.2.2　对目标市场的验证　　　93

　　　5.2.3　切入点市场　　　95

　5.3　目标客户画像　　　96

　5.4　为 SaaS 赋予价值　　　99

　5.5　改进的 MVP　　　100

　5.6　找到早期客户　　　102

　5.7　定义核心竞争力　　　106

　　　5.7.1　什么不是核心竞争力　　　106

　　　5.7.2　什么可能会成为核心竞争力　　　107

　5.8　SaaS 的定价策略　　　109

　5.9　产品策略　　　111

　5.10　本章小结　　　114

第 6 章 SaaS 获客概述 — 115

- 6.1 价值型获客 — 116
- 6.2 SaaS 的获客 — 118
- 6.3 获客的目的 — 119
- 6.4 获客的成本 — 123
- 6.5 客户留存成本 — 124
- 6.6 获客成本与收益 — 125
- 6.7 SaaS 的获客流程 — 126
  - 6.7.1 重新定义SaaS的获客流程 — 126
  - 6.7.2 SaaS的专有销售流程 — 128
  - 6.7.3 SaaS销售流程设计 — 131
  - 6.7.4 让销售流程产生效益 — 134
- 6.8 渠道获客 — 135
- 6.9 获客的质量管理 — 136
- 6.10 SaaS 的销售组织 — 138
  - 6.10.1 按照销售流程组建销售团队 — 138
  - 6.10.2 按照销售模式建立角色分工 — 138
  - 6.10.3 全能型销售团队 — 141
- 6.11 本章小结 — 143

第 7 章 SaaS 线索拓展 — 145

- 7.1 什么是 SaaS 的线索 — 146
- 7.2 线索获取路径 — 148

7.3 线索匹配   151

    7.3.1 客户定位   152

    7.3.2 画像匹配   153

    7.3.3 判断状态   155

7.4 打造高绩效的线索拓展团队   158

    7.4.1 怎样组建线索拓展团队   158

    7.4.2 怎样有效拓展线索   159

    7.4.3 线索拓展的绩效考量   160

7.5 本章小结   161

第 8 章 SaaS 的销售过程   163

8.1 SaaS 销售的困境   164

8.2 SaaS 销售需要方法论   166

    8.2.1 销售方法论的必要性   166

    8.2.2 SaaS销售方法论   168

8.3 SaaS 销售的几种方式   170

8.4 从一个销售案例谈起   175

8.5 让 SaaS 销售系统化   177

8.6 构建 SaaS 销售系统   180

8.7 发挥销售系统的作用   189

    8.7.1 SaaS销售效率为什么不高   189

    8.7.2 加快客户决策效率   191

    8.7.3 从被动响应到主动合作   192

    8.7.4 定义自己的SaaS销售系统   192

8.8 本章小结 193

第 9 章　SaaS 实施与交付 195

9.1　SaaS 的实施交付概述 196

9.2　国内的 SaaS 更需要实施 197

9.3　SaaS 实施的价值 199

　　9.3.1　实现销售承诺 199

　　9.3.2　增加客户终身价值 200

　　9.3.3　了解行业客户的好机会 201

9.4　SaaS 实施方法论 202

9.5　不要在实施上节约成本 204

9.6　实施与 CSM 的衔接 205

9.7　实施团队如何考核 206

9.8　本章小结 208

第 10 章　客户成功 209

10.1　什么是客户成功 210

10.2　对客户成功的误解 212

10.3　国内 SaaS 其实更需要客户成功 217

　　10.3.1　可怕的流失 217

　　10.3.2　客户为何流失 218

　　10.3.3　客户成功为何重要 220

10.4　重新认识客户成功 221

XXI

- 10.4.1 改变SaaS的销售漏斗 — 221
- 10.4.2 客户成功的认知定位 — 222
- 10.4.3 客户成功的目标管理 — 223
- 10.4.4 客户交接管理 — 225

10.5 CSM 的工作要点 — 227
- 10.5.1 关注用户关键期 — 227
- 10.5.2 拜访计划与服务方案 — 228
- 10.5.3 借助信息化工具 — 229
- 10.5.4 服务分工 — 230

10.6 本章小结 — 232

第 11 章 规模化与增长 — 233

11.1 SaaS 公司需要增长 — 234

11.2 增长的四个阶段 — 235

11.3 增长的指标 — 236

11.4 阶段与指标的对应关系 — 239

11.5 增长的驱动要素 — 240
- 11.5.1 产品与增长 — 241
- 11.5.2 销售与增长 — 241
- 11.5.3 专业化与增长 — 244
- 11.5.4 客户规模与增长 — 247
- 11.5.5 渠道与增长 — 249

11.6 本章小结 — 255

第 1 章 | CHAPTER

SaaS 概述

本章要点：

- SaaS 演进过程回顾；
- 从不同角度看 SaaS；
- 介绍 SaaS 的相关概念；
- 正确看待 SaaS 的优势与短板；
- SaaS 已成为企业服务的主流形式；
- 未来的 SaaS 生态。

本章通过回顾 SaaS 的演进过程，帮助读者了解 SaaS 如何从一种服务托管技术和按需使用模式，发展成为今天企业服务的主流形式。伴随着云服务相关技术的发展，SaaS 的存在形式也将从单一企业应用进入 SaaS 的生态阶段。

1.1　SaaS 的演进过程

SaaS（Software as a Service，软件即服务）这一概念的最早提出者已经无法考证了。业界一般认为，Salesforce 的创始人兼 CEO 马克·贝尼奥夫是 SaaS 商业模式最早的实践者。

马克最初对 SaaS 的设想非常超前，虽然今天在互联网上使用应用程序很平常，但是在二十年前，很多人根本就没有用过互联网。除了超前的概念外，SaaS 模式还非常实用，用户无须再把软件买回来，放在自己的服务器上。马克坚信：一定有一种方式，让购买软件更加方便和便宜。企业不再需要动辄数十万、上百万美元的投入，也不需要经历漫长的安装和实施周期，只要注册和付费，用户通过自行配置就可以使用软件，对软件进行维护和升级也不需要用户亲自动手。更关键的是，在移动应用还没有诞生的年代，用户就能在世界各地使用任何终端设备，像访问网站一样随时访问自己的应用。

这种将软件作为一种服务来销售，而用户只需要每月缴纳固定的费用即可使用软件的模式，在 20 世纪 90 年代就已经出现了，当时被称为按需（on-demand）服务，这就是 SaaS 的雏形。

在详细说明 SaaS 模式之前,我们有必要了解一下 SaaS 的演进过程,看它是如何从一个设想发展成为一种主流的企业服务模式的。

SaaS 在企业服务领域成为一种主流形式,也只是近些年的事情。实际上,这个演进过程相当长,主要经历了 4 个阶段,如图 1-1 所示。

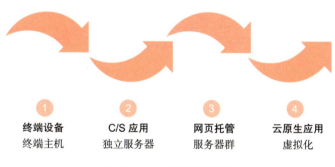

图 1-1 SaaS 的演进过程

- 终端设备:通过远程终端访问集中式的主机机房,来处理或获取业务的信息和数据。现在还能在一些影片中看到这种终端设备的身影。
- C/S 应用:即客户端/服务器的访问模式。通过桌面客户端访问独立服务器,处理或获取业务信息和数据。这是早期开发者和用户在局域网中常用的一种应用架构。
- 网页托管:通过网页托管访问分布式服务器,处理或获取业务信息和数据,也就是所谓 ASP(Application Service Provider,应用程序服务提供商)。这时已经出现了诸如多租户、应用共享、订阅收费等形式,有一点

SaaS 的雏形了。
- 云原生应用：通过云原生应用，访问由软件定义的、虚拟化的服务器，也就是今天的 SaaS 模式。

总的来说，SaaS 以应用托管和多租户的概念为发端，随着互联网和云计算技术的普及，逐步发展成为一种新的企业服务形式。

1.2 怎样理解 SaaS

因为对象和语境不同，所以很难为 SaaS 做出一个既通俗易懂又科学严谨的定义。

对于大众群体而言，我们用一个类比来解释 SaaS：以前，每家每户都需要挖一口井解决吃水问题；后来改为集中供水，即由自来水公司供水，用户只要按时缴纳水费，打开水龙头就会有水。这省却了找水和打井的过程，也节省了工程成本。自来水公司的业务模式就变成了"供水即服务"。

对于软件技术人员而言，SaaS 是一种新的应用架构模式，引入了共享单个实例、多租户、权限模式、存储模式和计费模式等概念。

对于 SaaS 服务商而言，由于采用与传统软件不同的交付模式和订阅收入模式，SaaS 意味着一种全新的商业模式和新的生意机会。

对于客户而言，SaaS 相当于把 IT 设备、软件和运维服务，全部外包给了 SaaS 服务商。

1.3 IaaS、PaaS 和 SaaS 的概念

在谈到云服务时，经常会出现 IaaS、PaaS 和 SaaS 这三个概念，它们构成了云服务的三层主体。

1.3.1 XaaS 的概念

我们知道，SaaS 是位于应用层面上的服务。想要深入了解 SaaS，有必要了解 SaaS 的基础和周边。与 SaaS 密切相关的概念还有 PaaS 和 IaaS。

通过抽象和分层，IT 行业创造了"一切即服务"的概念，也就是 XaaS。SaaS 周边除了 PaaS（Platform as a Service，平台即服务）和 IaaS（Infrastructure as a Service，基础设施即服务）以外，还衍生出了很多"即服务"概念，如 DaaS（数据即服务）、OaaS（运维即服务）等。实际上，对这些 XaaS 仔细分析和分类后会发现，大多数新创的 XaaS 概念，都可以归结到 SaaS、PaaS 和 IaaS 三种核心服务之一。将 XaaS 分为三层核心服务模式的好处在于，可以清晰界定各自的功能定位。

很早以前就有了按需服务和服务订阅的概念，如 ASP 等模式。它们之所以没有成为主流服务形式，除了受技术制约外，主要原因是当时没有做出像今天这样清晰的体系结构以及分层、分工标准。毕竟一家公司除了做应用以外，同时还要做设施、做平台，应用就很难做好。

1.3.2 SaaS、PaaS 和 IaaS

IaaS 相当于由软件定义的虚拟服务器，SaaS 公司一般不会涉及 IaaS。但是 SaaS 公司要不要做 PaaS，到目前都有争论，这主要是因为业内对 PaaS 的定义还存在不同的理解。

严格意义上的 PaaS 是由专业平台服务商运营的服务，它为 SaaS 提供部署环境和公共工具，比如组织结构、权限、计费、API 等，即 PaaS 是一种公共服务。所以，如果严格按照 PaaS 的定义，大多数 SaaS 服务商是不可能做、也没必要做 PaaS 的，至少在 SaaS 创业初期是这样。实际上，做 PaaS 需要的技术能力和资源，并不是 SaaS 创业公司所具备的。因为 SaaS 服务商的强项在于业务和应用，而不是平台技术和服务能力。

实际上，目前国内对 PaaS 的理解都不太准确。所谓的 PaaS 实际上是 SaaS 公司的内部应用平台，它其实是 SaaS 的一部分，为了便于从层次概念上进行区分，将其称为应用 PaaS（Application PaaS，APaaS）。IaaS、PaaS 和 SaaS 三者的关系如图 1-2 所示。

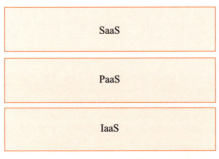

图 1-2　IaaS、PaaS 和 SaaS 三者的关系

1.4　与 SaaS 有关的几个概念

在谈到 SaaS 时，我们经常听到诸如 ToB、企业服务、软件、PaaS 等概念。这些概念很容易混淆，所以有必要在此说明一下它们的含义以及相互之间的关系。

1. ToB

从服务对象的角度看，服务可以分为两大类：ToB，即面向组织；ToC，即面向个人消费者。此外还有所谓的 ToG（面向政府机构），我们一般将其算作面向组织，也就是当作 ToB 看待。

ToB 的范围很大，SaaS 只是 ToB 中的一个类别，它们之间是包含关系，但有时这两个词被混用。

2. 企业服务

企业服务是一个面向组织的服务的统称。实际上，企业服务有很多种类和形式，为企业提供诸如 IT 服务外包、人力资源、法律服务、咨询服务、财税服务、企业培训等业务，甚至物流服务和企业保洁，也属于企业服务。SaaS 只是众多企业服务方式中的一种，SaaS 领域所说的企业服务，特指以 SaaS 方式为企业提供的服务，如 SaaS CRM、SaaS 财税等。

虽然 SaaS 与企业服务经常被混用，但二者还是有差别的：SaaS 代表了一种服务的提供方式；而企业服务则代表服务的具体内容。也就是说，SaaS 服务商看到的是 SaaS，而企业客户看到的是服务。SaaS 改变的是服务方式，并不是改变服务的内容。

3. 软件

虽然软件业务和 SaaS 二者都包含软件，但它们是完全不同的两种业务，有着不同的商业模式。也就是说，软件和 SaaS 是两种不同的生意，一个卖产品，一个卖服务。

从行业市场看，软件与 SaaS 是竞争和替代关系，软件本身也有向 SaaS 转型的趋势。

4. PaaS

按照 PaaS 业务模式的定义，大多数 SaaS 公司自己开发的 PaaS 都不是真正意义上的 PaaS，这些 PaaS 其实都是 SaaS。反过来说，所有 SaaS 必须具有 PaaS 的业务可定义和可扩展的能力，这是为了补偿 SaaS 个性化能力的不足。

1.5　公有云和私有云 SaaS

云的部署方式有很多种，如公有云、私有云、混合云等，部署在云上的 SaaS 主要分为公有云 SaaS 和私有云 SaaS。行业主流的 SaaS 部署模式是公有云 SaaS，对于本书提到的 SaaS，如果没有特殊说明，都是指公有云 SaaS。

某些有特殊要求的行业和企业业务，要求有较大的私有化和定制化空间，这种情况就需要采用私有云部署模式。私有云 SaaS 既可以部署在企业的自有机房或数据中心，也可以部署在第三方数据中心或云服务中心。不管部署在何处，私有云 SaaS

都由单个组织独享，并完全由企业自行管理和维护。

相比公有云 SaaS，私有云 SaaS 对企业来说更加昂贵，但是相比定制软件还是便宜的，这是因为私有云 SaaS 省去了企业自行开发软件的成本。所以私有云 SaaS 是介于公有云 SaaS 和传统软件之间的一种形态。但是对于提供私有云模式的 SaaS 服务商来说，私有云 SaaS 需要独立维护软件版本，因此升级和服务成本也会随之增加。私有云 SaaS 是一门难以规模化且增长受限的生意，私有云部署模式的 SaaS 服务商和传统软件业务一样，很难做大规模。

公有云中的"公有"二字，给人的感觉是信息和数据公有化，并由此联想到安全和私密性问题。实际上，这是对公有云的一个误解，但凡涉及公共利益的信息服务，其安全标准和对运营者的合规要求都是按照最高级别设置的。

1.6　SaaS 的优势与短板

从总体上看，SaaS 虽然在很多方面都具有无可比拟的优势，但在现阶段国内企业服务的环境下，SaaS 也存在一些明显的短板。

1.6.1　SaaS 的优势

与传统软件相比，SaaS 在很多方面具有明显优势，主要优势可以总结为以下几个方面。

1. 按需获取和自助服务

SaaS 无须用户自行准备服务器、网络设备等硬件设施，而是直接通过互联网,以订阅的方式获得服务。用户在选择和更换SaaS服务商方面有了更大的自主权,不必像使用传统软件那样,必须绑定某一家软件公司。

对于已订阅的服务,用户可自主选择使用时间和所需功能,也可以自行管理系统和服务的配置。

2. 业务扩展性与升级

在使用传统软件的情况下,如果客户业务发展超出了软件的服务了范围,就需要额外购买模块或付费升级现有系统。使用SaaS就不存在这个问题了,SaaS服务商经常是在客户提出扩展和升级要求之前,就已经完成了这些工作。

做到这一点对SaaS模式来说不难,因为SaaS服务商同时服务大量用户,可以从大量用户反馈中提取共性的业务问题,然后通过在线统一升级加以解决。此外,SaaS模式通过持续升级,不断打磨产品,使产品满足大部分用户的需求。而在线升级几乎不会影响用户的业务,多数情况下用户感知不到升级过程。

更为重要的是,随着持续迭代升级,SaaS产品的业务符合度会越来越高,易用性也会越来越好。

3. 订阅收入模式

传统软件的收费模式通常需要企业客户一次付清所有费用,此后按年缴纳服务费。在不确定软件能否带来预期回报之前就支付全部费用,这个风险全由客户承担,给客户造成很大的投资压力。

在 SaaS 的订阅模式下，客户可以按年或者按月付费，甚至不用占用 IT 的采购预算，使用运营费用即可支付 SaaS 的订阅费用，这在很大程度上降低了客户使用软件服务的成本，也降低了企业使用信息服务的门槛。

4. 让软件更便宜、更易用

无论是自行开发软件还是外包，都是一项昂贵的开支，一般只有大型企业才负担得起，中小企业很难承担高昂的软件成本。SaaS 对软件进行全方位降维，把大系统分解成更多细分业务单元，在业务细节处理上，SaaS 也比传统软件更加细腻。作为互联网产品的 SaaS，其易用性和产品体验都优于传统软件。

如今，企业客户可以只为需要的业务工具买单，不必支付整个系统的费用，只订阅实际需要的功能即可。SaaS 业务细分和低颗粒度的特点，可以让所有企业，特别是中小企业，都能用得起软件。

1.6.2 SaaS 的短板

凡事都有两面性，SaaS 虽然在很多方面具有独特的优势，但也有较明显的不足，比如基于公有云的 SaaS 几乎不能进行定制化开发。公有云的应用服务是所有用户共享的，不能像软件或私有化部署的 SaaS 那样进行定制化或二次开发，这样有些特殊的行业或业务需求就会无法满足。

用一个不太贴切的比喻：传统软件相当于手工裁缝店，从用料到缝制都由客户决定好后再加工；而 SaaS 相当于成衣工厂，所有服装都是工厂综合大量客户喜好的款式和尺寸分类后设计制作的，因而不能兼顾客户的个性化要求。

1.6.3 SaaS 的短板能补齐吗

公有云 SaaS 不能定制化开发，这是不是一个致命的软肋呢？可以说是，也可以说不是，这取决于目标客户群和获客策略。如果用软件思维去做 SaaS，则 SaaS 全是短板；如果按照 SaaS 的思路去做，则短板就会被补齐。

1. 选准切入点市场

在做 SaaS 产品之前，必须确定切入点市场，这是聚焦业务范围的重要条件。因为用户分类越精准，业务越聚焦，这个客户群体的个性化需求就越少，这就是后面说到的 SaaS 服务产品化的重要概念。业务越细分，需求越标准，个性化的空间就越小。反之，业务颗粒度越大，业务越发散，没有覆盖到的个性化需求就越多。所以，选准切入点市场是降低个性化可能性的有效策略。

2. 足够多的业务实例

在 SaaS 创业初期，用户不多，业务覆盖面比较窄，业务实例也很少，所以个性化的问题并不突出。但随着用户增多，涉及的业务面开始变宽，可能会出现个性化需求。随着越来越多的用户反馈，SaaS 也在持续迭代。等到积累足够多的业务实例后，SaaS 产品也变得"见多识广"，个性化需求的数量开始下降，

SaaS 变得越来越"标准"了。

当产品能满足 80% 的目标用户时，个性化问题在经营层面就可以视为不存在了，即使放弃 20% 要求定制化才能签约的客户，也不会对公司经营造成较大的影响。

3. 抑制"个性化综合征"

在大多数情况下，软件交付后仍然可以变更，很多用户在没有考虑周全的情况下就要求增加或修改功能。这些需求变更未必是必须要做的，甚至可能是用户为了达到某种心理满足而产生的行为，即"因为可改，所以一直改"。

SaaS "一经上线，不可更改"看似是一个很大的缺点，但在某种程度上，抑制了用户频繁变更需求，也就是软件项目中的"个性化综合征"。

4. 可扩展的应用平台

虽然 SaaS 服务商没有必要开发 PaaS，但 SaaS 非常有必要建立在一个可扩展的平台上。因为很多个性化需求的实现并不需要改动代码，应用平台的业务对象定义、流程配置和业务字段的扩展能力就可以应对大部分个性化要求。

1.7 企业为什么越来越倾向于使用 SaaS

以往企业的信息化领域是软件的天下，但 SaaS 正在快速占领企业软件市场。特别是在企业服务领域，越来越多的企业选择

SaaS 模式的服务。这主要有三个原因：来自企业 IT 成本的压力、满足快速变化的业务要求以及顺应互联网和云计算的发展趋势。

1. 企业的 IT 成本越来越高

全球经济发展放缓和企业经营压力增加，迫使一些大型企业开始重新评估在 IT 方面的投资。除了软件、硬件和各种设施的投资外，还包括 IT 部门的人力开支，企业开始怀疑这些投入能否带来预期的回报。

SaaS 发展的成熟恰好迎合了大型企业对于 IT 变革的需求。引入 SaaS 能大大减轻企业 IT 投入的负担，无论是软件和设施的投资，还是人工成本，都能得到大幅降低。能实现同样的业务支撑效果，省钱才是硬道理。

图 1-3 展示了传统软件和 SaaS 部署模式中，哪些服务是服务提供商负责的，哪些服务是用户自行管理的，它们在责任范围上有很大的差异。在传统软件部署模式下，企业需要管理从数据中心到应用配置的全部内容。毫无疑问，每一层都需要配置软件或硬件，都需要专门的维护人员，需要投入的成本无法降低。而在 SaaS 模式下，企业需要负责管理的只是应用配置，这个工作只要经过简单的培训即可上手操作，而底层的其他工作都由 SaaS 服务商负责。企业在甩掉大部分工作量的同时，也节省了大量成本。

企业信息服务用 SaaS 代替传统软件，在设施和人力维护方面都能节省一大笔开支，大型企业的节流效果尤为明显。对于大部分中小企业，它们面临的问题不是选择传统软件还是选择

SaaS，而是企业信息服务本身的使用成本。软件时代昂贵的 IT 成本，将大多数中小企业挡在信息化门外，所以中小企业才是 SaaS 的最大受益者。

图 1-3　传统软件和 SaaS 部署模式的对比

2. 快速变化的业务需求

为了适应快速变化的市场需求，企业的业务方式和业务流程也在快速变化。对于软件来说，变更和修改不但周期长，而且过程复杂，因而很难满足企业对业务变化的需求。每家企业的软件版本都不一样，维护起来工作量巨大，即便是大型软件公司，也很难同时服务更多的客户，维护质量会受到影响。

对于 SaaS 来说，行业的变化趋势反映到每个客户的需求变化是基本一致的，SaaS 服务商可以根据变化的趋势，提前做出变更和升级安排。

3. 顺应云发展趋势

随着云计算技术的迅猛发展，企业业务向云端迁移是大势所趋。云服务将以集约的方式向企业提供随需而变的信息和数据服务。SaaS作为云服务的应用层，可以承载大部分企业的各类业务。与传统软件相比，SaaS的业务颗粒度更小，可以更准确地满足细分的业务领域。

也就是说，SaaS在降低成本的同时，满足了企业对业务快速变化的需求。

1.8　SaaS 生态的概念

我们习惯将一个软件称为一个系统，因为它覆盖的业务范围较大。与传统软件不同，SaaS的业务颗粒度较小，能够更精准、更有深度地满足企业需求。但随之而来的问题是，当一个单独的SaaS不能满足企业更多的业务需求时，就需要各种SaaS联合起来，共同为企业提供服务。

同时使用多个SaaS服务的情况在一些发达国家的企业中很常见，在同一个业务领域，也可能存在多家有竞争关系的SaaS服务商，甚至有专门的SaaS服务于业务门户的集成（比如Slack），也有专门提供API服务的SaaS(比如Twilio)。想要联合，就需要各个SaaS之间"按需"连通业务数据。在业务数据的驱动下，整体业务才具有连续性。为支持企业端到端的业务，联合使用各种SaaS，就构成了SaaS的生态。

在 SaaS 生态环境下，企业不必像使用传统软件那样，绑定一家厂商，如果某个 SaaS 的体验不好，可以很容易地换成另一个 SaaS。因为采用了按年或按月付费的订阅模式，所以切换过程几乎没有损失。同样，对于一家 SaaS 服务商而言，签下合同只代表一个服务合作协议，并不意味着一劳永逸，如果客户对服务不满意，SaaS 服务商就有被替换的可能。

SaaS 生态充分地体现了互联网的特征，也就是 SaaS 生态"去中心化"的概念。SaaS 生态中并没有一个处于主导地位的主体，一切都是客户和市场的选择。

1.9 本章小结

本章分别从技术演进、经济性、应用特征、市场需求和发展趋势等几个方面对 SaaS 做了详细的阐述，并且提出了 SaaS 生态的概念。本章还解释了与 SaaS 相关的概念。

本章内容为后续展开的 SaaS 深入讨论做了铺垫，在下一章我们将讨论 SaaS 在国内的发展机遇。

第 2 章 CHAPTER 2
国内 SaaS 的现状与发展机遇

本章要点：

- 国内 SaaS 在五个方面存在着较大的机遇；
- 国内 SaaS 面临的挑战。

对于如何看待国内 SaaS 现状与发展机遇的问题，存在两种不同观点：一种观点认为，当前是 SaaS 的最佳发展时机；另一种观点则认为，国内企业的信息化基础还不成熟，用户对 SaaS 的认知水平不高，国内 SaaS 的发展水平与国外存在很大差距。

这两种观点都有道理，也比较符合目前国内 SaaS 的现状和市场环境。由于 SaaS 模式的特点和互联网效应，SaaS 的成熟周期将会大大缩短。从国外 SaaS 的发展过程也能够看出，SaaS 从被用户认识，到成为一种企业服务的主流形式，也就用了短短几年的时间。我们同样有理由相信，国内 SaaS 的成熟周期和普及时间也不会太久，何况，国内还有发展 SaaS 得天独厚的基础和条件。对于 SaaS 创业者来说，洞悉并抓住国内 SaaS 发展的机会，将其变为创业的有利条件，是创业成功的关键。

下面梳理总结了国内五个有利于 SaaS 发展的重要基础和机会。

2.1 庞大的企业服务市场

推测任何一个行业的未来，首先要看其潜在的用户市场有多大。中国拥有全球最大的企业服务市场，即超过 4000 万家企业构成的巨大潜在用户市场，这也是 SaaS 创业公司可以看到的宏观趋势和重大机会。

其实，SaaS 创业者更关心的是国内企业服务的目标市场规模如何？这个市场何时开始释放？哪些业务领域会对 SaaS 产生迫切需求？传统软件和 SaaS 谁将获得更多的市场机会？准确判断这些问题，将使 SaaS 的创业前景更加清晰。

2.1.1 国内企业服务市场分析

1. SaaS 在中小企业市场的机会

我们必须认识到，在国内 4000 余万家企业中绝大多数是中小企业，而 SaaS 的特点也表明它更适合中小企业信息服务。那么，SaaS 是否能在国内中小企业市场生根并开花呢？我们用 SWOT（Strength、Weakness、Opportunity、Threat）模型，分析 SaaS 的强项、弱项、机会和威胁四个维度。

在中小企业市场，SaaS 的强项和优势是低成本和易用性，弱项和短板是难以定制开发，不过中小企业的定制化需求并不强。SaaS 的机会在于中小企业市场空白，它的对手并不是软件，而是大量的非客户，即那些对 SaaS 没有购买和使用意愿的潜在客户。

目前中小企业服务市场的实际表现与 SaaS 的 SWOT 分析结果基本一致。比如，有强烈信息化需求的中小企业数量占比较低，甚至有人认为中小企业不是 SaaS 的有效市场。

虽然信息化和数字化是中小企业信息化的发展趋势，但并非所有企业在创立之初都有信息化需求。我们知道，国内中小企业的发展大都会经历原始阶段、粗放阶段、规范化阶段、精细化阶段和规模化阶段这五个时期。通常只有在进入规范化阶段之后，信息化才可能被提到议程上来。所以企业服务市场的实际释放量与潜在市场存量有非常大的反差。对此我们可以理解为，虽然中小企业的数量庞大，但是在发展阶段上，绝大多数都属于"新"企业，它们的当务之急是进入市场和站稳脚跟，关注点并不是信息化和数字化。

当前国内的多数中小企业还处于粗放式经营阶段，即使是进入规范化阶段的企业，只要生意还没有因为效率问题受到影响，信息化就不是"刚需"。2020 年，受新冠肺炎疫情的影响，很多企业处于发展停滞甚至回退状态，这进一步阻碍了企业服务需求的释放，所以有强烈信息化诉求的中小企业还不多。企业服务的潜在存量市场，因为各种原因还没有得到充分的释放，或者说释放被延迟。但巨大存量的中小企业服务市场是客观存在的，足以让 SaaS 服务商充满希冀。

2. SaaS 在大企业信息化市场的机遇

虽然大型企业的数量不多，但是它们的信息化水平要远高于中小企业。对于 SaaS 来说，已存在的大企业信息化服务市场并不是释放的问题，而是如何渗透的问题。仍以 SWOT 分析，大企业也有降低 IT 成本的需求，这恰好是 SaaS 的强项和机会，但是在对于行业和业务的理解以及系统构建能力方面，SaaS 服务商相比传统软件企业还有相当大的差距。大企业要求的个性化定制，对于 SaaS 来说也是一个弱项，这两个弱项增加了 SaaS 渗透大型企业的难度。

相比于多数处于粗放阶段的中小企业，大企业在经营之初就是规范化的，这对于 SaaS 服务商来说是一个有利条件。这也是很多 SaaS 服务商在一开始就把目标放在大型企业身上的主要原因。

由于 SaaS 对于大型企业来说存在短板，有观点认为 SaaS 缺乏渗透大型企业的机会。但实际情况并非如此，从国外 SaaS 的客户规模分布看，成熟的 SaaS 服务商的大客户收入均超过 30%。再看国内市场，大型企业随着市场升级和经营策略的转变，其数字化转型和内外部业务重构的进程也会加快，从而促使 SaaS 的强项和弱项关系发生转变。这说明大型企业信息化服务市场也在逐步向 SaaS 开放。实际上，国内主流的 SaaS 服务商已经与很多大型企业开展合作了。

3. "规范化"是企业有无需求的分水岭

用管理方式是否先进和信息化水平的高低来衡量国内企业对信息化需求的强弱，是缺乏说服力的。因为这些标准本身就很模糊，比如，管理怎样才算不落后？如何衡量信息化水平的高低？而且，无法证明这些方面与企业信息化需求的强弱有必然关系。

我在做 SaaS 销售的过程中，发现了一个能够衡量企业信息化需求强度的特征，就是企业的规范化程度。在大部分情况下，企业的规范化程度越高，对信息化服务的需求就越强，销售成交的可能性就越大。虽然企业规范化也没有严格的标准，但销售员在第一次拜访时就能大致判断出来。销售员可以从这几个方面观察企业的规范化水平：企业对自己的业务有无明确的定义、有无业务流程、业务组织是否完整。

在没有其他判别条件，或者判别标准比较复杂时，"规范化"就是一个简单直观地衡量企业信息化需求的标准。企业对 SaaS 有没有需求，主要取决于其规范化程度，而不是企业规模。随着经济全球化和更多企业融入世界市场，规范化将是中国企业的必经之路。而随着规范化企业的增多，SaaS 的潜在市场也将慢慢扩大。

随着国内经济的回稳和发展，企业服务市场将迎来新的发展机遇，市场的释放速度将会越来越快。

2.1.2　什么样的 SaaS 发展前景更好

虽然 SaaS 有诸多优势，但我每次谈到 SaaS 机遇的时候，还是担心会产生误导作用，因为并非所有的 SaaS 都有发展机会。那么什么样的 SaaS 发展前景更好呢？这就引出了 SaaS 焦点服务的概念。

与软件业务不同，SaaS 是一种产品化的服务。SaaS 并不是根据用户的需求来开发软件的，而是在用户提出需求之前就已经准备好 SaaS 产品了。这个逻辑听起来挺奇怪的，实际上，SaaS 服务商也不是根据自己的想象和推测开发产品，而是以企业的某一项关键业务为原型，确保所提供的 SaaS 是焦点服务。所谓焦点服务，需要满足以下四个条件。

1. 价值目标

SaaS 服务商都会介绍自己的产品价值，但是又说不清具体有什么价值。之所以会出现这种情况，主要是因为这些服务商都是先做产品，然后在营销过程中再去总结价值。而从焦点服务的角度看，显性化和可量化的价值是 SaaS 产品的基础，即先聚焦和定位价值，然后再去做产品。

2. 业务焦点

并非所有业务都适合 SaaS 化，比如 SaaS 化的 ERP 就尝试了很多年也没结果。通常只有那些价值目标明确、业务边界清晰、针对特定业务角色的核心业务，才适合 SaaS 化，成功的 SaaS 无一不具备这几项特征。

3. 服务产品化

市面上的很多 SaaS 只是一个解决方案，想要把解决方案变为 SaaS 服务，还有大量工作要做。这种 SaaS 更像定制软件，而不是一个产品。强调 SaaS 服务的产品化，本质上是要解决经营效率的问题。

4. 服务自动化

有些 SaaS 服务可以满足前面三项要求，但是不能做到高度的服务自动化。也就是说，这种 SaaS 服务需要投入人力或有价资源，很显然这个 SaaS 生意的盈利能力不会很强。

SaaS 焦点服务的概念也可以扩展到焦点行业。SaaS 的焦点行业相当于"垂直"SaaS，也就是端到端的业务完全SaaS化。做到"垂直"是有条件的，要求行业业务完整、集中、自成生态和成本优先。有一些行业天生就是SaaS的焦点行业，比如电商，几乎所有业务都依赖于SaaS平台。还有一些行业虽然具备SaaS化的基础，但由于行业本身的经营习惯，还没有广泛推广，比如餐饮行业。

从总体看，适合用SaaS方式系统化解决整个企业业务的行业并不多，大部分行业都是业务复杂且多样的，需要多部门协作，这就很难用一套SaaS支持所有业务。这种情况更适合率先SaaS化一些关键的业务，也就是前面所说的SaaS焦点服务。

当选择一个SaaS创业项目时，焦点服务的概念非常重要。很多SaaS没有成功，并非是没有需求，而是因为它们不是焦点服务。

2.1.3　SaaS和软件谁的机会更大

在SaaS出现之前，国内企业信息化的服务主体只有软件，即所有企业信息化都是用软件实现的，特别是在大型企业信息化领域。进入互联网和云服务时代，软件在企业服务领域的诸多弊端也逐渐暴露出来。甚至可以说，正是软件的这些弊端阻碍了企业信息化的普及，在客观上减缓了企业信息服务需求的释放速度。

仔细分析一下就能看出，虽然软件可以根据客户的需求定制，但是软件面临的主要问题是用户的使用成本过高。动辄数十万甚至上百万的软硬件采购支出，再加上后期维护和人工成本，使大部分企业对信息化服务望而却步，它们潜在的需求被抑制。另外，软件交付方式也存在严重的效率问题，比如漫长的交付周期、过高的升级成本以及低下的服务效率，严重影响了企业用户的体验。可以说，在互联网时代的企业服务领域，软件已经成为一种低效和不经济的企业服务模式。

软件模式在企业服务领域的缺陷也正是 SaaS 的发展机会。SaaS 凭借低廉的租用成本、快速的交付效率和低成本的迭代升级方式，大大降低了企业的信息化门槛。另外，从实际增速上看，SaaS 的发展速度要高于软件。在一些发达国家，SaaS 的市场渗透率在数年间已经超过 30%，SaaS 的用户数量也超过了企业软件的用户数量。

数字化网络和云技术的发展，将进一步推动作为应用层的 SaaS 的普及。可以预见，未来在大部分企业服务领域，SaaS 将取代传统软件，承载更多的业务。

综上所述，在逐步释放的国内企业服务市场，特别是中小企业市场，SaaS 将比软件获得更多的发展机会。

2.2　企业数字化转型的红利

国内各行各业的数字化转型不但是促进和加速 SaaS 发展的推手，更是 SaaS 的巨大红利。企业数字化转型不但加快了存量企业服务市场的释放速度，也为 SaaS 创造了更广阔的应用空间，使 SaaS 同时占据了天时和地利。

2.2.1 数字化转型与 SaaS 的关系

要抓住企业数字化转型带来的机遇，首先需要弄清楚数字化转型与 SaaS 之间的关系。所谓企业数字化转型，即实现企业从内部到外部的业务数字化和管理数字化，包括企业内部、企业与企业之间、企业上下游之间以及企业与客户之间的关系数字化，最终成为一个数字化企业。

数字化转型的基础是互联网和云服务，企业数字化转型的本质是将关键业务和传统 IT 向云端迁移。企业数字化转型的结果最终都会落实到云应用层面上，而 SaaS 将成为数字化转型的主要服务模式和业务应用的承载者。

云服务按照应用的部署模式可分为公有云、私有云和混合云。云模式虽然在总体上降低了企业信息化的总成本，但私有云和混合云的成本仍然很高，通常只有大型企业才负担得起。国内绝大多数企业都是中小企业，若想让云服务和数字化转型能够惠及中小企业，应让公有云 SaaS 成为云服务的主流模式，以此实现信息服务资源有效的供需匹配，这相当于把 SaaS 变为一种企业的公共服务。

数字化转型是一个大课题，SaaS 在其中起的作用可以概括为三个方面：提供业务承载、成为公共服务和提供云端的连接。

2.2.2 企业数字化转型的动因

如果不了解企业数字化转型的动因，也就无从知晓数字化转型的方向和目标，SaaS 公司就很难为企业提供有价值的服务。

事实上，大部分 SaaS 焦点服务都来自数字化转型的动因。

数字化转型是企业由内向外的发展意愿，企业数字化转型分为内部和外部两大动因。

1. 企业数字化转型的外部动因

我们先看外部动因，也就是产品如何成功进入市场，并改善企业对于发展的要求。外部动因的核心目标是利用数字化工具，改善市场、销售、服务的方式。企业数字化转型的外部动因主要表现在以下四个方面。

（1）提升销售收入

利用数字化技术可以大幅提升企业的销售业绩，企业利用数字化感知技术和数据分析结果，以低成本的方式触及那些被传统方式忽视的客户。

有统计数据表明：对销售成功实施数字化转型的企业，其营销效率可以提升 15% 以上；能够对应增加 10%～20% 的营收，这也是企业数字化转型的主要动力。

（2）精准化营销

传统市场营销是不精准的，所以效果难以衡量，还会造成资源浪费。相较之下，数字化营销则更具针对性和个性化，可以带给客户更好的体验。

应用数字化交互技术，企业可以通过客户习惯、搜索偏好、社交媒体等信息，获取客户行为反馈。然后基于分析结果，制定有效的营销策略。这不仅可以帮助企业减少开支，还可以扩大客户的接触范围。

（3）数字化促销

对于电商或零售企业，大部分收入都来自促销活动。但是企业不能为了促销，无底线地打折和降价，必须使用数据分析，提高促销和降价的准确性。比如，企业可使用分析预测模型，得出合适的折扣；依据客户资料精准定位促销目标；发现特定品类周期性的物价变化，调整预测模型，以提高促销活动的准确性。

（4）改善服务

数字化转型可以改变企业与客户的互动与服务方式。许多在线服务都使用了机器人服务，后台通常也能根据历史沟通数据快速给出解决方案，这些都能显著提升服务的效率和客户体验。

2. 企业数字化转型的内部动因

加速数字化转型一直是企业管理层关注的议题，特别是在业务容易受到数字化冲击的行业，数字化转型更是企业商业模式创新和运营效率提升的主要抓手。在新型冠状病毒肺炎疫情的冲击下，企业数字化转型受到更广泛的关注，不少企业都把它提到更高的优先级并加快了转型节奏。

相比外部动因驱动的业务数字化，内部动因实施的数字化业务更加复杂。内部动因的核心在于：在满足企业外部业务数字化的基础上，实现企业内部关键业务的目标绩效，这也是 SaaS 的重要服务目的。

3. 企业数字化转型对 SaaS 的依赖

如果说企业内部数字化转型要靠企业软件，那么企业外部的数字化转型则高度依赖于 SaaS，如营销、销售和服务等基于互联网的数字化服务，都是通过 SaaS 模式实现的。

从企业自身利益出发，受数字化转型的外部动因驱动，企业更愿意先在外部业务上投资，这就是 CRM 等外部业务应用被看好的原因。

2.2.3　从转型中发现 SaaS 的机会

数字化转型只能是由企业发起，而不是 SaaS 服务商以数字化转型的名义卖产品。当然也有一些企业跟风转型，要 SaaS 服务商制造概念与之配合，这种为了转型而转型和无明确目标的数字化转型都很容易失败，最终导致企业客户不再续约和续费。

实际上，企业数字化转型的过程正是 SaaS 服务商积累帮助客户转型经验的好机会。通过了解企业数字化转型的动因，配合客户实施转型工作，从中领略企业转型的目的和真实需求，对于发现 SaaS 的焦点服务，打造有竞争力的产品和提升服务质量，有着非常重要的意义。

很多企业已经为数字化转型做好了准备，在信息化方面的投资也已经做出了预算。但是，目前这些投资主要还是用于企业数字化环境的基础建设，最终还要靠 SaaS 等应用承载工具，实现业务的云端迁移和落地。

2.3 企业软件向 SaaS 转型

虽然 SaaS 与互联网的关联度更大一些，但我们看到国外成功的 SaaS 企业创始团队主要还是来自传统的软件企业，比如 Salesforce 和 Workday。这些从传统软件向 SaaS 成功转型的先驱者，以实际行动揭示了传统软件向 SaaS 转型是大势所趋。

1. 软件转型对 SaaS 是一个利好

既然传统软件与 SaaS 在企业服务市场中是竞争关系，为什么说软件向 SaaS 转型是对 SaaS 的利好呢？从项目层面来看，大部分项目都存在着二者之间的激烈竞争。但是从企业服务市场的全局看，传统软件仍是为企业信息化提供服务的主要力量。软件向 SaaS 转型，其导向作用无疑会促进和带动 SaaS 市场的快速释放，从而使得在企业服务市场，SaaS 的渗透率整体得到快速提升。

面对企业服务市场的结构性变化，向 SaaS 转型是软件企业的重要发展契机，也将促进国内 SaaS 领域的成熟与壮大。相对于庞大的企业服务市场，目前 SaaS 企业的数量和服务能力都存在较大的缺口。如果没有足够多和足够大的信息服务企业参与其中，SaaS 在短期内也很难成为主流。

2. 传统软件转型的动因

传统软件向 SaaS 转型很大程度上是来自客户变革的压力。也就是说，客户对信息服务变革的要求，导致软件供应商不得不向 SaaS 转型，而客户的变革需求主要来自以下两个方面。

（1）客户 IT 成本的压力

随着计算能力的增强和存储容量的增加，软件系统也变得越来越庞大，带来的问题是软件的部署成本和客户的使用成本也成倍上升。从客户的角度看，除了购买软件本身的成本外，使用的软件越多、系统越大，维护这些软件的 IT 部门也就越庞大，相应的支出也越多。

随着全球范围的经济衰退，很多大公司也开始重新审视这种软件使用模式的效果，详细评估这些硬件和软件投资是否给企业带来预期的回报。有数据表明，很多企业前期在软件、硬件和维护方面投入巨大，却没有达到预期效果，这势必会影响后期的 IT 投资。在这种情况下，企业软件市场的增速也将放缓。此外，较高的软件使用成本也将更多中小型企业挡在了信息化的门外，抑制了软件市场的发展。

综上，降低客户信息服务的成本成为服务采购的刚性要求，而向 SaaS 模式转型是软件企业降低客户成本的唯一途径。

（2）客户对服务效率的要求

随着企业数字化转型步伐的加快，企业业务的改变和调整也日趋频繁，传统软件的弊端开始显现出来，比如，修改变更和升级的周期太长，随着客户量增多，需要维护的版本也越来越多。

这不仅给客户的业务带来影响，软件供应商自己也是疲于应付和不堪重负，服务效率和收入增速也大幅下降。

传统软件这种低下的服务效率已经无法满足互联网时代企业发展的要求了，效率问题促使传统软件企业向 SaaS 转型。传统软件受客户变革驱动向 SaaS 转型，虽然有被动的成分，但只有向 SaaS 转型，才能重新获得随需而变的服务能力。

3. 一些软件公司已经掉队

从行业发展过程来看，企业软件公司对企业和业务的理解要好于 SaaS 公司。从这个角度看，传统软件公司向 SaaS 转型应该更有优势。但实际情况是这一优势并没有充分发挥出来，传统软件企业向 SaaS 转型并不顺利。

我经常应软件公司邀请，做一些 SaaS 转型方面的咨询工作。在这个过程中能感觉到，企业高层对向 SaaS 转型充满希望，但是缺乏实质性行动。有人说这是因为软件公司缺少互联网基因，其实这背后有着非常现实的原因。

首先，软件业务虽然不好做，但是也没到经营十分困难的程度，所以软件公司的业务重点还是放在大项目上。既然靠几个大项目也能撑下来，自然就没有 SaaS 转型的紧迫感。其次，很多软件公司并没有分清楚云转型和 SaaS 转型，以为把软件搬到云上就完成了转型。实际上，二者的区别在于：一个是私有云模式的软件托管；一个是公有云的软件服务。虽然二者的技术架构看起来很相似，但在经营模式和运营效率上却存在很大的差异，也可以说它们是两种不同的生意。最后，也是最关键的，因为软件公司的绩效考核主要在软件业务上，个人业绩乃至公司报表都指望现有的软件业务，而尝试 SaaS 转型成本高、风险大，这对软件公司来说是一个非常现实的问题。

原来总说企业的信息化是一把手工程，而传统软件企业向 SaaS 转型又何尝不是呢？

4. 软件向 SaaS 转型已成趋势

目前国内软件行业的状况与几年前国外软件企业面临的情况类似。在云服务和 SaaS 兴起的同时，传统软件企业的市场也受到了互联网的威胁，很多软件企业到了不得不转型的境地。

其中最典型的案例要属 Adobe，就是那家以 Photoshop 和 PDF 闻名的软件公司。从 2013 年断臂求生式的云转型开始，Adobe 发布 Creative Cloud 取代了 Creative Suite，并宣布未来所有的 Creative Cloud 服务都只能通过订阅模式购买。经过十几年的高速发展，Adobe 现在已经蜕变为一个市值过千亿美元的 SaaS 公司。Adobe 从软件到 SaaS 的转型有多彻底呢？从其订阅收入占比就可以看出，从 2009 年的 10% 提高到 2019 年的超过 90%。

如果说 Adobe 原本就有转型创新的基础，我们再来看老牌企业、软件巨头 SAP 的云转型案例。在过去十年间，SAP 为向云转型投入了超过 700 亿美元。2018 年，其云收入相比传统本地部署的收入达到了反转点：云业务整体营收占比达到 52%，传统软件收入为 48%，这标志着 SAP 云转型取得了成功。

2.4 企业服务细分市场的机会

对比国内外企业服务市场可以发现，国内的 SaaS 细分市场机会更多。在国外成熟的企业服务市场，因为每个细分业务领域都有多家 SaaS 公司提供服务，各细分领域的竞争非常激烈，所以新 SaaS 创业者的机会也越来越少。而国内企业服务市场情况与之相反，不要说细分业务领域，即使是企业服务的主要业务领域，绝大多数还都是空白。

从业务横向看，细分业务的利基市场空白程度高、竞争也不激烈，所有 SaaS 创业者都有较大的市场机会。

从业务纵向看，目前国内的 SaaS 服务产品主要集中在几个复制的国外 SaaS 赛道和通用性平台工具层面。它们要么没有深度匹配国内企业用户的需求，要么是一些浅层次的应用，如协同办公。

这种"大而全"和"一站式"的 SaaS 应用，因缺乏业务深度而不能很好地解决客户现阶段的业务问题。只有业务细分才可能产生深度，这说明很多细分业务的机会还没有被挖掘出来，这也说明细分业务领域的深耕者将获得更多创业成功机会。

2.5 未被充分认知的蓝海

国外的 SaaS 市场已经是软件产业中发展最快的领域，但国内企业对 SaaS 的认知还停留在一个比较初级的阶段，SaaS 的发展潜力还没有引起广泛的注意。在很大程度上，这是因为国内

SaaS领域鲜有成功范例。更深层的原因是我们看到的很多SaaS，其实在商业模式上并不是真正意义上的SaaS，更像是软件业务模式，也可以说是方向走偏了。这就是国内SaaS发展不快的原因。

从整个企业服务的价值网络中看，SaaS的价值显然被低估了。相较于AI、大数据等技术的效用，SaaS以"服务的产品化"模式，更高效地向企业服务领域输出各种业务价值。善用这一模式，就能使SaaS成为云服务领域的一片深度蓝海。

2.6 国内SaaS面临的挑战

国内SaaS虽说有上述五大机会，但是面临的现实问题也不容忽视。

1. 整体企业信息化水平有待提高

国内企业信息化虽然也经过了三十多年的发展，但前期的发展速度较慢，企业在整体上对信息服务的认知还处于初级阶段。据分析，严格意义上的企业信息化普及率只有10%左右，使用信息手段解决业务问题，还没有成为企业的一种习惯。SaaS作为一种新型企业信息化模式，必定会受到整体认知水平的影响，同样没有得到广泛的接受。特别是大部分企业还没有进入规范化经营阶段，总体上缺少信息化的需求。对于没有规范化的企业，即使它有信息化的需求，也是非常个性化的，而以服务产品化为特征的SaaS也无法迎合这些需求。

凡事都有两面性，处于初级信息化水平对 SaaS 来说也是一件好事，一张白纸才可画出最新、最美的图画。SaaS 的新技术和商业模式可以让 SaaS 脱离传统企业信息化按部就班的发展模式，超越传统企业软件直接进入云服务阶段。

2. 行业化发展的阻力有待突破

从信息化认知的发展规律看，企业信息化水平的高低决定了 SaaS 进入企业服务市场的难易程度。而借助企业软件的发展经验，走行业化发展之路，是 SaaS 快速进入企业服务市场的捷径。

SaaS 看似应该从信息化水平较高的行业或大企业入手，但实际上这条路也存在有待突破的阻碍。国内企业信息化发展较快的行业主要集中在一些与信息技术相关的行业，如 IT、金融、保险、电信等，而中小企业的信息化水平和普及率则非常低。而这些信息化发达的行业和大型企业，主要是由传统软件企业提供服务的。出于各方面的原因，大型企业会优先选择本地化和私有云的软件部署模式，这对 SaaS 进入大企业服务市场形成较大的阻力，使得 SaaS 只能以中小企业作为主要目标群体。

除了观念、认知和行业规定外，阻碍大型企业云端数字化和 SaaS 化的，还有一个重要因素是既有的 IT 资产。大型企业经过多年的建设和发展，已经形成了庞大的 IT 资产，包括软件和硬件设备。它们为企业创造信息价值的同时，也成为企业数字化转型的阻碍。企业在引入 SaaS 等更经济和高效的服务的同时，不得不考虑原有 IT 投资的处置以及现有信息系统的迁移成本。这些都降低了大企业业务云化和 SaaS 化的意愿。

随着企业的数字化转型，纯粹的本地化部署和私有云模式也将向着混合云的方向发展。特别是大企业价值链、网络化和开放性的要求，为 SaaS 提供了向大型企业渗透的机会。

3. SaaS 的使用成本仍然过高

在 SaaS 的销售过程中，我注意到一个现象：一些销售员坚持要客户一次性支付 3 年或 5 年的订阅服务费，客户一般不会签这种合同。过了一段时间，其他销售员找到这家客户，合同只需要签一年的订阅费，大部分情况下这个合同就能签了。我对这些客户做了回访，他们告诉我：3～5 年的服务费已经相当于传统软件的使用成本了，言外之意，SaaS 还是太贵了。

大部分 SaaS 公司都是依据成本定价的，它们自认为目前的价格很合理，甚至是相当优惠了，客户认为价格高，那是客户不识货。实际上，SaaS 服务商"把 SaaS 当作软件卖"这个误导行为，导致客户对 SaaS 建立了错误的认知：无论定价高低，软件在企业客户的心目中都是贵的，SaaS 的价格在客观上形成了中小企业的使用成本门槛。

SaaS 的边际成本是随着客户数的增长而降低的，不合适的定价会形成一个死循环：价格越高，用户越少，而用户越少，成本就越难摊薄。SaaS 作为一种产品化的订阅服务，该如何定价，才能被多数客户接受呢？我们在后面的章节会专门讨论这个问题。

4. 还未形成独立的 SaaS 市场

所谓独立的 SaaS 市场，并不是混杂在其他市场之中，而是以独立的形式存在。无论是在资本市场、专业领域还是用户市场，都有其独立的评价、分类和认知体系。

以美国 SaaS 市场为例，其估值、定位、生态、产品形态等都是独立而明确的。独立的 SaaS 市场是一个已定义的市场，在这一市场环境下，SaaS 业务的发展会更快和更健康。因为在市场规则的作用下，无论是客户还是经营者，都能获得相应的价值。

反观国内 SaaS 市场，还远未达到独立的程度。还有很多潜在用户对 SaaS 只是听说过而已，或者还在争论 SaaS 是否安全、能否实现个性化等问题。

2.7 本章小结

本章我们讨论了有利于国内 SaaS 发展的五大机会，分别从企业服务庞大的存量市场、正在兴起的企业数字化转型、企业软件向 SaaS 转型的助推作用、细分市场的空白以及蓝海市场的存在等几个层面，分析了国内 SaaS 的机会。

本章特别分析了国内企业服务市场的释放过程、市场释放的助推和触发因素，以及 SaaS 深度市场的大量潜在机会。针对 SaaS 创业者最关心的两个问题，即什么样的 SaaS 更有机会，用什么样的标准来判别 SaaS 的客户和非客户？本章给出了两个实用的概念和方法：用 SaaS 焦点服务和企业"规范化"程度，来判断企业用户对 SaaS 需求强度的方法。

第 3 章 | CHAPTER

SaaS 的商业模式

本章要点:

- SaaS 商业模式概述;
- SaaS 的客户价值主张;
- SaaS 的盈利模式;
- SaaS 的关键资源;
- SaaS 的关键流程。

所有商业领域的颠覆、创新和替代，本质上都是商业模式创新和进化的结果。任何一门生意都离不开商业模式，SaaS 当然也不例外。SaaS 的成功有不同的原因，但失败的原因都是相似的。如果没有理解或者偏离了 SaaS 的商业模式，SaaS 的创业之路很难走得远。

本章从一个全新的商业视角，以 SaaS 商业模式为框架，从四个维度重新定义 SaaS 的商业逻辑。无论是创立、经营或投资一家 SaaS 公司，我们都能从中获得启示。

3.1　SaaS 商业模式概述

商业模式对于 SaaS 创业非常重要，但也容易被创业者忽视。虽然重视 SaaS 商业模式不能确保成功，但忽视商业模式一定会导致创业失败。

3.1.1　什么是商业模式

虽然平时都在讨论商业模式，但是要给商业模式做一个准确的定义，还真没有那么容易。通俗来讲，商业模式可以简单地概括为：为谁提供什么产品或服务；创造何种价值；最后以何种方式换取收益。

通过理解 SaaS 商业模式，我们能解决两个关键问题：如何依靠 SaaS 商业模式进行服务创新以及如何利用 SaaS 商业模式获取更多收益。

值得注意的是，互联网的商业模式是求新求变的，而 SaaS 的商业模式讲求的是稳定和深入。也就是说，无论 SaaS 的形式如何变化，其商业模式都是有规可循的。对 SaaS 商业模式建立正确的认知，是 SaaS 创业成功的基础。

人们对商业模式有多种定义和不同的解读，但这些定义要么偏向理论，要么是把商业模式当作具体的商业操作方式。我认为比较准确和易于理解的是克莱顿·克里斯·滕森对商业模式的阐述。他认为商业模式由四个要素构成，依靠这四个要素之间的相互作用，就能创造并传递价值。商业模式的构成框架如图 3-1 所示，下面我们从四个维度对商业模式进行解读。

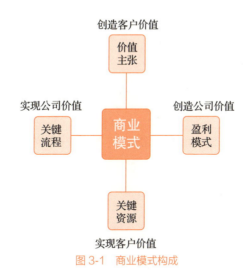

图 3-1 商业模式构成

1. 价值主张定义了客户价值

所有成功的公司都是因为找到了某种为客户创造价值的方

式,也就是帮助客户达成某项重要目标的方法,价值主张通过解决方案实现客户价值。

客户工作的重要性越高,且客户对现有方案的满意度越低,解决方案就越有优势,客户价值主张就越卓越。

2. 盈利模式定义了公司价值

所谓盈利模式就是创造价值的一份详细计划,而盈利模式本身还包括四个构成要素。

- ❑ 收益模式:收益的构成和计算。
- ❑ 成本结构:关键资源的成本构成。
- ❑ 利润模式:为实现预期利润所要求每笔交易贡献的收益。
- ❑ 资源利用效率:为实现预期营业收入和利润,需要多高的资源使用效率。

3. 依靠关键资源实现客户价值

一家公司可能会拥有很多资源,而只有那些能创造差异化竞争优势的资源才是关键资源。要实现公司定义的客户价值,就必须依靠关键资源,比如技术、品牌、产品等。

4. 依靠关键流程实现公司价值

一家公司通常都有很多流程,比如销售流程、运营流程和管理流程等。但是,只有那些能使价值传递方式具备可重复性和扩展性的流程,才是关键流程。实现公司的价值,只能依靠关键流程。

商业模式四个关键要素的作用和相互关系可以表述为：客户价值主张明确了客户价值；盈利模式明确了公司价值；关键资源描述了如何实现客户价值；关键流程则描述了如何实现公司价值。

这一框架看似简单，它的力量蕴藏于四要素之间复杂的依赖关系。四个要素中的任何一个发生重大变化，都会对其他要素和整体产生影响。成功的企业会设立一个相对稳定的商业模式，将四个要素以持续一致和互为支撑的方式关联在一起。

商业模式框架给出了商业的顶层设计，后面我们会利用这个框架，分别从四个维度拆解、分析和应用 SaaS 商业模式。

3.1.2 SaaS 的商业模式为什么重要

一提到商业模式，我们首先想到的可能是商业计划书以及与融资有关的内容。不幸的是，商业模式这么重要的商业逻辑，曾经被所谓的互联网思维滥用，以至于最后真要用到 SaaS 领域，反倒很少有人关注 SaaS 的商业模式问题了。所以我们会经常看到，谈 ToC 必谈商业模式，奇怪的是 ToB 的商业模式却常常被忽视。

国内很多 SaaS 创业走入困境，表面上看有各种原因，但是深层原因都是商业模式的问题。SaaS 创业人员在商业模式方面存在片面理解，比如只关注商业模式的个别要素，而忽略其他要素。不理解什么是商业模式，也就不知道它有什么用途；忽视商业模式，也就违背了 SaaS 的基本商业规律，甚至把 SaaS 做成了软件。

总之，如果创业公司对 SaaS 商业模式考虑不周，后期必然导致各种问题。

- 创业公司提供的 SaaS 服务缺乏明确的价值主张，为客户提供价值的口号往往显得空泛和无力，价值不具体和不量化将导致营销的障碍。
- 盈利模式只是一个自圆其说的说辞，不能给投资人一个可量化和可执行的计划。
- 没有建立必要的关键流程和方法，眉毛胡子一把抓。
- 不清楚如何通过差异化胜出，产品一旦被对手仿制，很快就失去优势。

SaaS 商业模式成功的本质，并非商业模式的某一个要素的成功，而是四个要素协同设计和运作的结果。厘清商业模式并不能确保 SaaS 一定会成功，但是忽略商业模式，则 SaaS 必定会失败。

总结 SaaS 商业模式，在 SaaS 创业前必须弄清楚四个问题：①你的 SaaS 产品要为客户提供什么具体的和可量化的价值；②必须以财务上可计算的方式，说明如何从 SaaS 服务中实现盈利；③实现客户价值需要哪些关键的资源；④以怎样的业务方式实现盈利。

SaaS 商业模式的四个要素看似简单，但如果能理解到位并使用得当，可以解决 SaaS 创业的很多实际问题。虽然商业模式不能保证 SaaS 创业最终一定成功，但是可以有效避免在创业初期即失败的风险。

3.2　SaaS 的客户价值主张

客户价值主张是构成 SaaS 商业模式的重要基础，所有 SaaS 业务都需要一个明确的客户价值主张，以创造客户价值。

3.2.1　什么是客户价值主张

我们在很多场合都能听到"客户价值主张"这个词，很多 SaaS 公司在营销时也会强调自己的产品能给客户带来价值。那么什么是客户价值主张呢？

客户价值主张（Customer Value Proposition，CVP）是商业模式中一个重要的构成要素，客户价值主张表明了客户价值，描述了产品提供的价值与客户需求之间的联系，同时也说明了客户为什么要购买你的产品。

从客户价值主张的描述中可以看出：价值主张必须使产品与市场相匹配，即所提供的价值与客户需求相对应。如果只是 SaaS 服务商单方面声称产品有价值，那还不能称为价值主张。此外，在 ToB 领域通常并不存在普适的价值，所以好的价值主张一定是具有针对性的，比如，强调企业用户最重要的工作、困难、障碍和收益等。价值主张并不需要解决客户的所有困难和全部收益问题，这就是我们前面讨论的 SaaS 焦点服务的概念。

这个定义看起来很明确，但具体到每个 SaaS 的价值主张，可能还是不知道应该怎样结构化地表达出来。所以，我们需要将其翻译成更加具象和容易理解的语言。

按照价值主张的定义，SaaS 的客户价值主张需要说明以下三个方面的内容。

- ❏ 方法论：价值主张首先表达为一种方法论，利用该方法论能够帮助客户达成重要的业务目标。
- ❏ 解决方案：方法论并不能直接发挥作用，还需要基于这个方法论，设计出帮助客户达成目标的解决方案。
- ❏ 卓越性：客户业务的重要性越高，客户对达成目标的其他方案的满意度越低，你的价值主张就越卓越。

我在为 SaaS 公司做咨询服务时，都会特别留意价值主张的问题。大部分 SaaS 公司的价值主张是"满足客户需求"，或者"解决客户痛点"。"满足需求"因为没有针对性，所以基本是一句正确的废话；而"痛点说"的问题在于，它又太过于具体，因为 SaaS 能解决的企业痛点其实非常少，或者你认为的痛点，并不一定是客户最痛的痛点，如果直接提出解决客户的痛点，很容易把自己逼入一条死胡同。所以，无论是满足客户需求，还是解决客户痛点，都不是最明确的客户价值主张。

如果用另一个词"障碍"来代替"痛点"，眼界就会放宽不少。因为障碍所代表的是某一类问题，而痛点通常是指某一个问题，所以 SaaS 的价值主张就可以表述为：如果客户在达成重要业务目标的过程中，存在着亟待克服的障碍，而借助 SaaS 有可能解决这些障碍，则价值主张就得以彰显。

在 SaaS 客户价值主张的描述中，首次将抽象的"价值"与"用户目标达成"建立联系。企业可以对 SaaS 没有直接需求，也可能没有 SaaS 能解决的痛点，但所有企业都有业务目标需要达成，比如：完成一个亿的销售任务、将库存降低 50%。目标越大、障碍也越大，这就为 SaaS 提供了解决问题的机会。根据 SaaS 客户价值主张的描述，我们可以构建一个通用的 SaaS 价值模型（见本书第 4 章），无论是对选择 SaaS 创业项目，还是验证现有的 SaaS 客户价值主张，都具有实用意义。

3.2.2 客户价值主张为什么重要

在为 SaaS 公司做咨询时，我都会问他们这样一个问题：你的 SaaS 客户价值主张是什么？令人不解的是，竟然有半数以上的 SaaS 从业者不知道什么是客户价值主张。他们认为产品差异化、产品话术、市场策略、品牌效应、产品优势、FAB、PMF 等，都可以被当作价值主张。还有人把客户价值主张与企业的愿景混为一谈。那么一个卓越的客户价值主张，对于 SaaS 有多重要呢？

任何一个成功的商业模式，都离不开一个坚实的价值主张作支撑。如果一个 SaaS 的价值主张不对，或者没有价值主张，这种 SaaS 不但难以营销，也不会给客户带来真正的价值。说得再严重一点，就是做了一个没用的 SaaS，没有可交换的价值，当然也谈不上商业价值。

一个好的客户价值主张，会成为企业内部一种创造价值的共同语言。一个连价值认知都不一致的团队，无论有什么样的文化、核心能力，都不可能取得商业成功。一次跟投资方做调查访谈的过程令我印象深刻。当被问到客户价值主张时，公司管理层和核心骨干每个人的理解都不一样，甚至相差甚远。后来这家公司的业务方向变化不定，逐渐淡出了行业。

再说一个真实的例子。一个 SaaS 创业团队对价值主张表现得非常一致，这从宣传材料和公司标语上也能清晰地表达出来。但我在参加他们与客户交流会议时发现，他们提供的 SaaS 服务与客户要解决的问题不在一个频道，具体表现为客户对 SaaS 的需求强度不大。我从价值主张角度，引导团队展开讨论，最终发现问题所在：其 SaaS 服务所针对的客户业务确实存在，客户达成业务目标的过程中也的确需要信息化手段的支持。但从与客户的交流中发现，这个业务的目标绩效并没有实质性的奖惩考核标准，所以客户并未将该业务目标当作重要任务看待。也就是说，这个业务障碍解决或不解决并不会影响员工的绩效，所以客户并不关心用不用 SaaS，这个项目都是 SaaS 服务商在吃力地推动。

很显然在这个案例中，所选择的创业项目违背了价值主张中业务目标重要性的原则，也可以说，是用一个正确的解决方案解决了客户一个无足轻重的问题。用价值主张的概念看待这个问题，其实是 SaaS 服务商声称的价值并没有与用户的真实需求建立一个必然的联系，或者说是 SaaS 的价值定位产生了偏差。

上述两个案例都说明了，一个完善的客户价值主张对于 SaaS 创业是多么重要。遗憾的是，现实中常看到有些 SaaS 创业者是反着做的，先做出 SaaS 产品，因为销售不畅而反求价值主张。更多的是边干边总结价值主张，比如那些从国外复制过来的

SaaS 赛道就属于这种情况。因为社会经济环境变了，它们的价值主张也可能随之发生变化。

一个不完备的价值主张会增大 SaaS 创业的成本，包括时间成本、资本投入和机会成本。

3.3 SaaS 的盈利模式

盈利模式是商业模式的另一个重要构成要素。如果说 SaaS 的价值主张明确了客户的价值，那么 SaaS 的盈利模式就明确了 SaaS 公司的价值，即通过盈利实现公司价值。

盈利模式经常被简单地理解为如何赚钱，特别是在 ToC 项目融资中，必须跟投资人说明白赚钱的路径和方法。通常这也很容易说明白，因为大多数 ToC 项目都是简单交易。但对于 ToB 来说，要说明白的不只是赚钱的路径和方法，还必须阐明盈利的逻辑以及如何计算从交易中获得的收益。

盈利模式的一般定义是，通过为客户提供价值，从而为公司创造价值的一个详细的计划。

这个定义中包含 3 项内容：①只有在正确的客户价值主张的前提下，才能谈到为自己创造价值；②盈利模式的本质，是说明公司的价值来源和获得方法；③盈利模式是一个计划，它需要指标量化和计算，也就是说，盈利最后要落实到一套计算公式上。

盈利模式可以进一步细分为四个要素：收益模式、成本结构、利润模式和经营效率。

3.3.1 SaaS 的收益模式

顾名思义，SaaS 的收益模式就是用来定义和计算收益的方式，与普通交易的收益计算方式有所不同，SaaS 的收益计算有一套特有的指标体系。这些收益指标和计算方法并非是标准的财务准则，而是一套对 SaaS 公司盈利能力进行统一衡量的方法。

下面我们先介绍常用指标的含义，然后再给出收益的计算方法。

1. SaaS 收益指标

（1）合同额

因为 SaaS 是订阅收入模式，即客户是按周期（通常为年）付费的，所以统计合同额要用两个计算口径。

- 总合同额（Total Contract Value，TCV），也就是全部签约合同金额，包括多年期合同总金额。
- 年合同额（Annual Contract Value，ACV），即一年的签约合同金额。

因为首年合同中可能包含咨询、实施、培训等一次性费用，所以首年的 ACV 通常比较高，但为了简化起见，可以认为 ACV=TCV/合同服务周期。为了便于比较，通常只有 ACV 可计入签约后的收入，因为其他年份的服务还没有执行，所以其余收入算作递延收入。

（2）经常性收入

经常性收入（Recurring Revenue，RR）指能够持续产生的合同收入，对于 SaaS 来说主要是订阅的费用，国内 SaaS 的经常性收入一般以年度计算。

对于可预测性较强、随订阅服务必定产生的可变费用和充值消耗，也可以纳入经常性收入，比如营销系统的短信数、客服机器人的会话条数等。

（3）非经常性收入

非经常性收入（Non-recurring Revenue，NRR）包括单次费用，比如实施、培训、二次开发、咨询等专业服务；也包括多次的可变费用，比如电商 SaaS 的交易抽成、按用量计费的充值消耗（如视频会议的分钟数、电子签约的合同数等）。

$$总合同额（TCV）=经常性收入（RR）\times 服务周期\\+非经常性收入（NRR）$$

（4）年经常性收入

年经常性收入（Annual Recurring Revenue，ARR）即年化的经常性收入，是按合同计算每年带来的经常性收入。

（5）月经常性收入

月经常性收入（Monthly Recurring Revenue，MRR）即月化经常性收入，是按合同计算每月带来的经常性收入。对于一些非整年订阅的 SaaS 业务，就需要用到 MRR。

2. SaaS 的营收计算

使用以下公式可计算年经常性收入（ARR），即：

$$ARR = 上一年末\,ARR + 新增\,ARR + 增值\,ARR - 流失\,ARR - 减值\,ARR$$

其中每一项的具体含义如下。

- 新增 ARR（New ARR）：新客户带来的收入。
- 增值 ARR（Expansion ARR）：因增加了客户数或使用量而带来的收入。
- 流失 ARR（Churned ARR）：因客户取消订阅导致流失的收入。
- 减值 ARR（Contraction ARR）：虽然客户没有取消订阅，但减少了客户数或者使用量导致流失的收入。

3. 留存指标

SaaS 用净收入留存（Net Dollar Retention，NDR）来衡量收入的留存，NDR 的计算公式如下。

$$NDR = (期初收入 + 增加收入 - 减少收入 - 流失收入) / 期初收入$$

图 3-2 所示是一个计算 NDR 的示例。

	第 N 年	第 $N+1$ 年	变动	变动状态
客户 1	150	200	50	增加
客户 2	100	50	-50	减少
客户 3	200	0	-200	流失
客户 4	0	100	100	新客户
合计	450	350	-100	

图 3-2　NDR 计算示例

$$NDR = (450 + 50 - 50 - 200)/450 \times 100\%$$
$$= 55.6\% \text{（新增客户 100 万收入不计入）}$$

由于签约客户贡献收入产生了变化，NDR 也会随之变化，但是 NDR 的上限并不是 100%。事实上，很多 SaaS 公司的 NDR 都在 100% 以上。可以看出，NDR 与新增 ARR 没有直接关系，而是反映了留存带来的收入。举例来说，一家 SaaS 公司的 NDR 为 100%，而上一年的 ARR 为 5000 万元，那么即使公司不再签约任何新客户，今年的收入仍然还有 5000 万。

4. 客户终身价值

客户终身价值（Life Time Value，LTV）是指从客户那里获取的全部收入总额。LTV 由经常性收入、非经常性收入、客户留存、各项收入的毛利水平和客户生命周期等要素决定。

LTV 真正聚焦的是利润，而不是收入。LTV 的大小并不能说明业务是否盈利，实际上，一个 SaaS 是否盈利，是由 LTV、客户获取成本（CAC）和单位经济等因素共同决定的。

首先，LTV 必须远高于 CAC，SaaS 企业才可能盈利（通常 LTV/CAC>3）。其次，在计算 LTV 时还应考虑其他成本，如为维护 LTV 所增加的客户服务成本（CTS）。最后，增加的成本会对整个客户生命周期内的盈利都产生影响，如果用很高的服务成本来维持 LTV，将会吃掉很大一部分利润。

5. SaaS 业务收益模式特点

SaaS 业务收益模式的优势在于其收入的可预测性，即体现在经常性收入（RR）上，这也是 SaaS 模式被广泛看好的原因。经常性收入在总收入中的占比反映了 SaaS 的收入质量，即订阅收入的占比越大，收入的稳定性越高，可预测性也就越强。

ARR 降低的主要因素是流失 ARR。相比于国外 SaaS 的低流失，ARR 高流失是国内 SaaS 的头号杀手，国内很多 SaaS 公司的收益不佳，其中很重要的一点是没有解决好 ARR 流失的问题。了解收入模式和计算方法不是目的，所有的数据都是经营的结果，理解数据背后对应的操作才是重点。

3.3.2　SaaS 的成本结构

1. 成本结构

要计算盈利就要明确 SaaS 的成本结构，它反映了 SaaS 所需关键资源的成本。对于 SaaS 业务而言，关键资源的成本包括：营销 & 销售成本、客户服务成本、研发成本和行政管理成本。从 SaaS 业务的成本构成看，SaaS 与其他业务没有什么不同，但 SaaS 的每项成本都有其独特的意义。想要通过对 SaaS 业务成本的拆解和分析，做出提高公司价值的决策，就必须了解 SaaS 各项成本的性质和成本质量的衡量方法。

对于 SaaS 业务来说，需要重点关注两个重要的成本指标：客户获取成本和服务成本。

（1）客户获取成本

客户获取成本（Customer Acquisition Cost，CAC）用来衡量营销和销售成本的质量，是每获取一个新客户，需要付出的一次性成本。CAC 的计算方法为：

$$CAC =（营销 \& 销售费用）/ 新增客户数$$

计算费用与新增客户数的时间段需要对齐，如今年全年的费用除以今年新增的客户数。

营销 & 销售费用包括：市场部、销售部人员和渠道管理人员的所有薪酬成本（工资、福利、五险一金、提成、年终奖等）；所有与获取客户直接相关的费用，如用于营销 & 销售的 CRM 工具费用、网站建设 /SEO/SEM/AB 测试费用、办会和参会的费用等所有为了拉新而产生的费用。

新增客户数是指同周期内新增的客户数。虽然免费试用客户不记入客户数，但获取免费用户的所有营销 & 销售费用却要记入成本。

（2）服务成本

服务成本（Cost To Serve，CTS）用来衡量服务成本的质量，是指服务于客户所付出的所有成本。一般业务的服务成本不单独统计，但 SaaS 模式是高度依赖服务的，且 SaaS 对客户服务的投资都比较大，所以需要有单独的成本 KPI。CTS 的计算方法为：

$$CTS = 各种服务成本 / 客户数$$

服务成本计算与客户数量的时间段需要对齐，比如今年全年的服务成本除以今年内的客户数。

服务成本包括但不限于：实施服务人员、客户成功人员、培训人员的所有薪酬成本和差旅成本，还包括服务工具的成本。通常 CTS 与产品的复杂度有关，如果产品属于通用工具，则 CTS 比较低，可以计入 CAC 中；反之，对于复杂的解决方案，CTS 会比较高，需要单独计算。

2. 各项成本的占比

根据 SaaS 业务的特点，通过调整各项成本，可以获得更高的毛利率。为了统一成本的计算口径，SaaS 业务通过各项费用与收入的占比来衡量各项成本投入。

- 营销 & 销售成本占比：只有获得足够多的客户，才能使业务运转起来，所以 SaaS 业务前期需要投入较高的营销费用，参考区间＜40%。
- 客户服务成本占比：初始阶段比较高，随着客户数的增加、服务规模化效应和引入自动化服务，客户服务成本会逐渐降低，参考区间 15%～20%。
- 研发成本占比：前期需要投入很大的研发成本，特别是平台型和需要二次开发的 SaaS。后期研发费用会平稳下降，并维持在一定水平，参考区间 15%～20%。
- 行政管理成本占比：必要的行政管理成本，参考区间＜10%。

在上述各项费用占比中，营销 & 销售成本和客户服务成本的投入，是随着业务的要求而变的。它们在提升获客和留存贡献的同时，也对利润产生了很大影响。结合前面讲到的客户终身价值，营销 & 销售成本和服务成本分别对应了获客成本和服务成本，一个 SaaS 要想盈利，LTV 必须远大于 CAC 与 CTS 之和。

3.3.3 SaaS 的利润模式

有了 SaaS 的成本结构，可以计算运营利润了，公式如下。

运营利润＝毛利润－（营销 & 销售成本＋研发成本
　　　　＋行政管理成本＋客户服务成本）

实际上，无论做的是何种 SaaS，所有的经营活动都是围绕这个利润公式展开的。而提高运营利润率主要有两条途径：降低成本占比和提高毛利率。

直观上看，只要大力削减各项成本，就可以提升利润。实际上，对于 SaaS 模式来说，不是所有成本都能任意削减的，比如，削减服务成本会影响续费；削减研发成本不但会失去产品竞争力，还可能增加服务成本和销售成本。对于营销 & 销售成本，初始阶段也不能任意削减，因为这样可能减少获客数量，导致整个业务不能启动。

所以，我们必须根据对盈利模式的预测和整体设计，通过管理成本的投入质量，合理控制各项成本，达到盈利的目的。

3.3.4 SaaS 的几种收入模型

虽然很多公司都声称自己是做 SaaS 的，但从收入模型看，SaaS 也分很多种，每种 SaaS 的经营效率和盈利水平都是不同的。前面我们也讨论过，SaaS 的商业优势是服务的产品化和服务的自动化，但实际上完全产品化和自动化是一个理想状态。SaaS产品化和自动化的程度决定了它们的经营效率和盈利水平。

SaaS的收入模型至少可以分为以下四种。

1. 纯自动化的订阅收入模型

所谓纯自动化的订阅收入模式，即SaaS交付之后的运行不再需要人工介入，而是由软件自动化提供，即"SaaS收入＝软件产生的收入"。这是一种理想的收入模式，由于CTS大大降低，所以这种收入模式的盈利能力强，不受服务水平的影响。

如果有可能，SaaS业务设计应尽量支持这种收入模式。订阅模式的优势是有更好的收入可预测性，就是说未来ARR是可预测的。但是这也有一个重要的前提，为了使订阅模式成立，需要保证订阅用户持续付费，也就是尽可能保证客户不流失。

如果SaaS业务依赖纯粹的订阅模式，客户一旦断约，将导致无法预测收入，还会造成续费损失。

2. 自动化＋人工服务的订阅收入模式

这种收入模式仍然属于订阅模式，只是收入的结构中由两部分组成，即"SaaS收入＝软件产生的收入＋人工服务产生的收入"。显然，与纯自动化的订阅模式相比，这种模式的一部分收入受到人工服务能力的限制。除了增加CTS外，效率也会受到人工因素的影响。

关键问题是，这种SaaS模式的复制能力较差，这是因为需要合格的人工服务资源，比如一个 SaaS 数据分析业务，多数情况下需要数据和算法工程师的配合，才能为客户提供数据服务。

如果收入结构中的人工服务收入占比过高，所产生的效率问题会使复制能力受到限制，导致盈利能力的降低。

3. 混合收入模式

与完全订阅模式不同，在混合收入模式下：SaaS 收入 = 订阅收入 + 其他收入。比如电商 SaaS 除了固定的店铺服务费（订阅）之外，还包括流量费、交易费、交易提成等非订阅收入。

如果订阅收入占比太小，收入的可预测性就会变差。这种混合收入模式在国内很流行，因为订阅收入占比小，所以更抗客户流失，这就可以不受订阅模式回款周期的限制，集中力量把其他收入做大，国内 SaaS 概念的上市公司大多是这种模式。

但这并不能说明混合收入模式一定是健康的。实际上，这种模式的风险比较大，因为其他收入不可控。特别是当其他收入占比较大时，如果业务模式不能形成稳定的其他收入，整个营收随时可能滑坡，使收益变得不稳定。

4. 类 SaaS 收入模式

所谓类 SaaS 收入模式，是指除了服务平台架构是 SaaS 技术模式外，订阅收入的占比为 0。也就是说，所有收入都是"其他收入"。类 SaaS 收入模式的形式很像订阅收入模式，商业模式是通过业务拓展（Bussiness Development，BD）开发客户，之后依靠客户持续复购取得收入。

虽然达不到订阅收入那么准确的预测，但收入曲线与订阅模式相似；虽然没有 CTS，但为了维持客户的复购，BD 的服务也是有成本的。

3.4　SaaS 的关键资源

SaaS 关键资源的作用，就是确保客户价值的实现。

3.4.1　什么是关键资源

SaaS 关键资源是指为了向目标客户群体传递价值主张，需要的关键岗位、核心技术、产品、专业服务和品牌等资源。一家 SaaS 公司可能同时具有很多种资源，但并不是所有这些资源都是关键资源，只有那些能同时为客户和公司创造价值的资源才是关键资源，其他资源则属于一般资源。一般资源无法创造差异化的竞争优势，通常处于辅助地位。

所有关键资源都是基于商业模式配置的，即使都是 SaaS，因业务方式的不同，所需的关键资源也是不一样的。

3.4.2　关键资源的作用

本节我们通过观察 SaaS 领域内的一个现象，来探讨资源与关键资源的区别。

目前国内企业服务领域的竞争，主要有三股力量：SaaS 创业公司、大型软件公司和大型互联网公司。从它们各自拥有的资源看，企业软件公司深谙各个行业的规律和企业业务，有庞大的客户群和品牌，还有构建大系统的能力。而互联网巨头的资源表现为，它们既不缺乏互联网产品能力和流量资源，更不缺少资本。按理说，软件巨头和互联网巨头凭借各自的资源优势，应该在 SaaS 领域有所建树。

但事实并非如此，无论是大型软件企业，还是互联网企业，都没有表现出比 SaaS 创业公司更大的优势。这一现象常被归结为基因不对：软件企业缺少互联网基因；而互联网企业缺少 ToB 基因。那么，"基因"又是什么呢？

实际上，所谓基因就是 SaaS 关键资源的组织能力。具体到软件企业，端到端的全业务流程、大系统的构建能力以及软件品牌等并不是 SaaS 的关键资源，它们与 SaaS 服务产品化和焦点业务的理念是相反的。同样，互联网公司所拥有的资金、流量、产品等资源，也不是 SaaS 的关键资源。将辅助资源当作 SaaS 的关键资源使用，可能会适得其反。

所以，即使大型软件企业和互联网企业向 SaaS 投入了大量的资源，包括人力、财力和客户资源，它们投入的资源虽多，但在 SaaS 关键资源方面，相比 SaaS 公司来说却并不充裕。这充分说明了，一个 SaaS 的成功，关键资源起着决定性作用。

3.4.3 关键资源的组织

单凭某一项关键资源很难创造客户价值，需要将关键资源组织在一起。对于 SaaS 公司该如何组织和使用关键资源，这并没有统一的方法，但有一些原则可以参考。

- 了解自己需要哪些关键资源：首先确立并细化自己的商业模式，然后将商业模式转化为一张路线图，根据发展路径上的关键节点组织关键资源。
- 循序渐进地增加关键资源：随着发展路径的进展，逐步添加关键资源，而不是其他 SaaS 公司有什么岗位、用什么方法，就全部配齐和照搬过来。判断一项资源目前是不是关键资源，最简单的方法是看它能否在现阶段创造差异化优势。
- 创业团队关键资源的作用：大部分 SaaS 创业都是从一个项目开始的，启动阶段的关键资源就是创始团队自带的能力，如果关键资源有缺项，则需要立即补齐。
- 关键资源导向的招聘：按照关键资源导向原则制定招聘计划，而不是一旦有钱了就大规模招人。

3.5 SaaS 的关键流程

要实现 SaaS 公司自己的价值，就必须依靠一系列有效的流程。SaaS 关键流程的作用就是确保实现公司的价值，即通过关键流程将资源变成价值。

1. 什么是关键流程

一家 SaaS 公司可能存在很多的流程，比如招聘、培训、产品研发、市场营销、销售、服务和客户成功等，但是这些流程中只有部分属于关键流程。所谓关键流程，就是能够产生核心竞争力、实现公司价值的那些流程，比如销售流程、服务流程等。如果只有关键资源，而没有关键流程，仍然无法实现公司价值。

很多 SaaS 创业公司基于理想、热情、创新等感性因素而开始创业，所以在从 0 到 1 的初始阶段，只有简单的分工而不需要复杂的流程。即使需要建立流程，因为此时还没有运营积累，也并不清楚需要哪些流程。但是，一旦进入正式的运营，没有关键流程，业务和管理不但会乱，而且在竞争中也无法发挥核心能力。

2. 关键流程的作用

SaaS 公司有了明确的价值主张，也能够获取关键资源，但如果关键资源的组织和利用不当，就可能导致价值的创造和传递产生障碍，比如混乱的销售流程会导致丢单率高和销售效率低。对于要求高效率和高增长的 SaaS 行业来说，缺少关键流程，SaaS 很容易变成一个平庸的生意。要避免这一结果，SaaS 公司就必须有自己的关键流程。

与关键资源类似，在公司发展的不同阶段，强调的流程重点也不一样。关键流程的核心目的始终是确保价值传递的方式具有可重复性和可扩展性。直白讲就是，这个方法的效率高、效果好、可复制。所以，关键流程不应该被看成是一堆呆板和僵化的制度规范，而应该是一套在竞争中制胜的方法和步骤。

关键流程并不是靠一朝一夕就能想出来的，而是需要长期的总结、积累和优化。这里用一个实际的案例来说明关键流程的重要性。有一家在某个领域深耕 5 年的 SaaS 公司，发现忽然冒出了几家同领域的竞争公司，竞争对手的产品不但和该公司的相似度高，甚至功能更多。公司的 CEO 找到我，他因为担心会失去市场份额，所以准备把现有产品向前、向后分别延伸，以抵御可能的风险。

我给他的建议是：继续深耕细分行业，而不要延伸产品。因为他们的优势并不是产品，而是有一套历经长期打磨的关键流程作为"护城河"，一班创业人马加上一套经过长期验证的和行之有效的操作流程，并非竞争对手短期内可以掌握的，甚至在公司外部根本感觉不到这些流程的存在。

果然，几家竞争公司花完了融资，也慢慢退出了竞争，流失的客户又回来了。

3. SaaS 公司的护城河

创业公司很注重自己的"护城河"，很多场合下投资人都会问：你们的"护城河"是什么？回答什么的都有：有人说护城河是技术平台，有人说是产品，有人说是对行业的理解，有人说是先发优势，有人说是团队，还有的人说是资金等等。仔细一想，这些都构不成护城河，也就是说这个条件别人也能轻易具备，上述所有条件都不可能形成壁垒。

对于 SaaS 业务来说，因为整个商业模式都是透明的，所以从理论上讲，SaaS 领域根本就是无城可护。如果一定要找出能够起到护城河作用的因素，那只能是流程。更确切地说，是与公司融为一体的关键业务流程，这是对手很难复制的。纵观成功的 SaaS 企业，其实并没有什么绝招，它们有的只是长期磨合优化的业务流程。

3.6 本章小结

本章基于商业模式的一般概念，重构了 SaaS 商业逻辑的框架，特别是对 SaaS 商业模式的四个构成要素：客户价值主张、盈利模式、关键资源和关键流程，分别进行了深入和系统化的阐述。

本章内容虽然阅读起来有些枯燥，但是对于 SaaS 创业者和 SaaS 从业人员来说，它们却是必备的理论基础。无论是从事 SaaS 的市场、产品还是销售、运营和管理工作，相信都会有所帮助。

第 4 章 CHAPTER

SaaS 价值论

本章要点：

- 价值从来都不是 SaaS 的可选项；
- SaaS 的价值模型；
- SaaS 价值模型的实际应用；
- 利用价值模型的案例分析。

任何一个 ToB 服务都离不开价值链模型，价值不是一个空洞和抽象营销说辞，价值从来不是 SaaS 的可选项，在正式开启 SaaS 创业之前，首要的工作是定位 SaaS 的价值，减少 SaaS 创业的不确定性。

4.1　SaaS 的成功是否皆因运气

近年来，国外 SaaS 领域出了很多"爆款"，比如 Snowflake、Zoom、Slack、Workday、DocuSign 等，我们都非常想知道它们成功的原因。看了很多的创始人访谈和媒体报道，讲的都是创始人因一个偶然的机会进入某个领域，然后运用创新性的营销手段，用数据拉动增长，好像他们的成功全凭运气。于是，很多 SaaS 创业者就相信了，通过制造概念也创造了一些 SaaS 的"准爆款"。实际的情况常常是，所谓的"准爆款"只是昙花一现，"高光"之后，泯然众人。成功即使真的是靠运气，那也只能是一次性的，SaaS 创业想复制这样的好运，成功率与守株待兔一样低。

于是很多 SaaS 创业者认为，凭借产品团队的产品开发方法，就能创造出具备出色功能和吸引用户的 SaaS 产品。即使开始时推广不顺利，但只要试错的次数足够多，外加一套营销方法，产品总有一天会受到企业用户的青睐。实际情况往往是，无论后期投入多大的营销和销售力量，产品还是叫好不叫座，成功仍然遥不可及。创业阶段最容易落入的误区，就是假定自己的产品或解决方案一定能给企业用户带来价值，但这个假设却找不到任何根据。

4.2　价值从来就不是 SaaS 的可选项

SaaS 创业做什么产品好？切入哪一块业务更容易成功？坦率地说，这些问题不可能有答案。不幸的是，国内很多 SaaS 公司还没有考虑好产品的价值定位就开始创业。这种 SaaS 项目在商业上大都有一个致命的弱点：由于缺乏对目标市场的预测，在创业之初就充满风险。

通过洞察并满足客户需求，不就可预测目标市场了吗？如果是做软件项目，这种说法还可以接受。因为传统软件必须满足用户需求，无论这些需求是否合理。只要客户接受并验收，厂商就能收到款，这个交易就能正常完成。但如果是做 SaaS，即使满足了用户需求也未必真有价值。用户需求可能不合理，或者只针对个别用户是合理的。如果是这样，就不能保证 SaaS 的可规模化和可复制，当然也谈不上客户终身价值。可见在 SaaS 成功的可预测性与满足用户需求之间，并没有因果关系。SaaS 成功的可预测性只与客户价值有关。

实际上，成功的 SaaS 绝非来自了解用户的需求，然后为产品开发花哨的新功能、追赶时髦技术，或是复制国外 SaaS 赛道。为了让 SaaS 变得更具可预测性，创业者必须了解 SaaS 价值与成果的因果逻辑，也就是 SaaS 的价值论。

SaaS 的价值论说明了 SaaS 作为一种全新的商业模式，在企业服务领域将以一种怎样的方式满足企业用户的价值追求。SaaS 价值论不只是一种价值规律，还必须表现为一个 SaaS 的通用价值模型，这个模型始终围绕着一个最根本的问题，即帮助企业用户在特定的情境中，以最有效的方式达成业务目标。只有这样，SaaS 的成功才有规律可循，最大限度减少创业的盲目性。

4.3　SaaS 价值模型

要想使 SaaS 的成功有更高的可预测性，需要有一个 SaaS 价值模型，其目的是为了解决两个方面的问题：一个是按照 SaaS 价值模型规划的产品将有更大的价值确定性；另一个是借助 SaaS 价值模型，对现有 SaaS 产品或者解决方案的价值进行验证。如果这两个问题能够真正解决，就能回答"SaaS 创业做什么产品容易成功"这个问题。此外，如果现有的 SaaS 产品或解决方案销售不畅，也可以使用 SaaS 价值模型，从价值的角度进行量化分析。

现在的问题是，如何建立一个通用的 SaaS 价值模型。

在 SaaS 的销售过程中可以发现：企业用户购买的其实并不是产品或服务，而是为了让自己能够达成业务目标，也就是通过绩效目标的考核。无论做什么工作和业务，达成目标都是刚需。用户正是为了达成业务目标，才使用了 SaaS 产品或服务。理解这个概念以后，解决问题的目标就变成了"发掘用户业务目标"。沿着这个思路，我们就可以建立 SaaS 的价值模型，这个价值逻辑与客户价值主张的理念是高度吻合的。

在构建 SaaS 价值模型的路径上，可以提炼和解析出四个核心要素。

1. 业务目标

企业中所有的业务、任务和工作，都是有目标和绩效要求的，比如销售业务有销售目标和业绩考核；生产业务有产量目标、库存目标、质量要求等，这些目标和绩效都是在经营战略中定义好的。业务目标的价值意义在于，它建立了价值提供与用户需求之间的联系，即管理者和员工只愿意为能实现重要的和关键的目标的服务买单。

用业务目标而不是需求作为价值模型核心要素，是因为二者并不在同一个业务层级上。首先，业务目标的达成是一个持续、经常发生的过程，而不是个别情况下的某种需求。比如，某些 SaaS 也能帮助用户达成目标，但是其市场需求规模并不大，这说明从需求的角度看，目标只是一个偶发事件，这种 SaaS 的价值就不大。把用户目标与用户需求混为一谈，是对业务目标的一个误解，目标不是需求，需求也不是 SaaS 价值模型的核心要素。

2. 业务背景

所谓业务可以理解为某种工作或任务，它是达成目标的执行手段。背景即业务的范围和业务发生的情境，任何业务目标都是基于业务背景的。企业有多种业务，SaaS 也能提供各种对应的服务。但原则上，业务切入点应选择那些重要、权重高和频发的业务。

3. 目标达成的障碍

越是高权重业务和关键的目标绩效，达成的难度就越大。这些挑战来自达成业务目标过程中的各种障碍。因为这些障碍可能会影响达成业务目标的进度，甚至导致失败；所以企业不会吝惜克服业务障碍方面的投资。从这个意义上说，企业面临的障碍就是 SaaS 的商机。

4. 竞争

即使 SaaS 服务商成功定位了高权重的客户业务，也确认了关键目标绩效，SaaS 还必须是扫除障碍的首选方案，也就是具有强竞争力。因为客户价值主张中还有一个条件："客户对现有达成目标的解决方案或方法的满意度低。"这实际上表明了一种竞争关系，但不一定是 SaaS 服务商之间的竞争。此时的竞争是 SaaS 与其他解决方案（包括软件、信息工具，甚至电子表格）之间的竞争。如果客户勉强接受了不完美的方案，对于软件来说，客户一般会勉强使用下去而不考虑更换产品。但是对于 SaaS 来说，客户完全没有必要忍受不合适的 SaaS 服务，换就是了。

把上述四个要素关联起来，就形成了 SaaS 价值模型。可以将 SaaS 价值模型完整地描述为：对于企业客户的一个重要业务，如果在达成该业务目标的过程中存在难以克服的障碍，客户就可能会采购包括 SaaS 在内的解决方案，以扫除这些影响目标达成的障碍。如果解决方案成功地帮助客户达成了目标绩效，SaaS 的价值就得以实现了。SaaS 价值模型如图 4-1 所示。

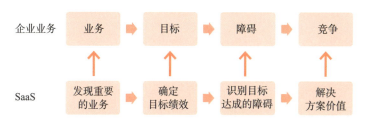

图 4-1　SaaS 价值模型

从 SaaS 价值模型中可以看到，"障碍"是一个关键要素，正是因为障碍阻碍了客户达成业务目标，所以客户为了克服障碍，制定和尝试各种解决方案，SaaS 就是其中之一。也正是因为有了障碍，才有了 SaaS 发挥价值的机会。障碍有时也被叫作"痛点"，但我个人觉得，还是称之为障碍更合适一些。因为障碍的难度和产生的影响是可以量化的，比如因为加工设备的问题，生产效率只有行业平均水平的 80%。只有障碍可量化，才能衡量解决方案的有效性。

让 SaaS 价值模型发挥作用，需要满足一定的条件。由于惯性的原因，用户在实现业务目标时即使遇到了障碍，也不一定会马上购买 SaaS 解决方案，而是用临时的方法来应付，甚至是不解决。这取决于障碍造成影响的大小、当时所处情境以及替代性解决方案的效果。对于一项关键业务来说，在内部驱动因素的作用下，障碍造成的影响可能会达到客户所能忍受的阈值，超过这个阈值会对目标业绩产生重大影响。这个阈值就是客户下决心做出改变的关键点，客户在这个点的附近会做出采购立项或购买决定。

SaaS 价值模型不只是一种 SaaS 价值实现的框架，它也是 SaaS 创业和成长的强有力的切入视角，它与做什么产品无关、切入哪个业务领域无关。同时，它也是客户价值主张强有力的表达形式，它将重新定义客户所处的行业、市场规模、竞争方式以及竞争对手。通过拓宽和深挖目标客户市场，SaaS 能发现真正的商机。

4.4 SaaS 价值模型的应用

SaaS 价值模型是一个重要的 SaaS 价值分析方法，它能帮助 SaaS 从业者更深入和系统地分析 SaaS 的价值问题。

4.4.1 发现有价值的 SaaS 服务

选择什么样的 SaaS 创业项目，在很大程度上决定了创业的成败。而如何选和根据什么选，更是很难找出规律。我问过很多 SaaS 公司的创始人，为什么选择了现在的 SaaS 服务领域，大部分人的回答是，因为看到某产品最近很流行或是发现某个业务领域看起来更有机会。一旦做出这样的选择，公司的产品战略就变成：只想创造出更有特点的功能、开发更多的功能，或是持续改良既有的产品。这种选择的结果就像我们看到的那样，SaaS 服务商在同质化的红海中，与对手争得你死我活。

利用 SaaS 价值模型，总能发现企业客户在达成某业务目标的过程中遇到的障碍。这就可能找到新的 SaaS 切入点，在竞争对手意想不到的业务领域发现新的机会。

4.4.2 SaaS 的价值验证

通常在 SaaS 产品目标规划做出来之后，很少有人反过头来再去确认目前的产品究竟能为哪些客户带来什么价值。即使是销售受阻，也会认为是自己在营销和销售方面的投入不够，或者产品还不够好，不能打动客户，而从来不会想到可能是客户价值主张的问题。

实际上，很多 SaaS 在进入企业服务市场之前都没有做价值验证，所以产品进入市场才表现得不温不火。要改变这种情况，SaaS 服务商就必须利用 SaaS 价值模型，去验证现有 SaaS 的价值水平。比如，必须找出客户的业务目标，评估该业务的重要性和发生频度。假如找不到这种目标，或者目标在客户企业中是无足轻重的，那么这个切入点就有问题，即客户价值主张不完全成立。如果目标对应的业务边界或者业务场景模糊，即业务背景不明确，从而导致业务目标也不明确，这种情况说明这个业务仍需要进一步细分。如果按照 SaaS 价值模型得出的目标、业务和障碍都是切实存在的，但是使用 SaaS 并不是解决障碍的最佳方法，那么仍然说明这个切入点是有问题的。

在实际的咨询服务中，SaaS 价值模型已经帮助很多 SaaS 创业者和 SaaS 公司，发现或者验证他们的 SaaS 价值主张是否正确以及价值逻辑是否成立。这是 SaaS 创业路径不可跳过的重要一步。当然价值验证还有很多其他方法，比如行业分析、用户调研、MVP 等，但是 SaaS 价值模型的验证方法简单、直观且客观，能避免出现自圆其说的现象。读者可以把自己的 SaaS 带入价值模型，然后分别对业务、目标、障碍和竞争四个要素做量化评估，相信很容易就能得出客观的结果。

4.4.3　发现客户的购买动因

对任何一家 SaaS 公司来说，没有什么比知道客户的购买原因更重要的了。理解客户的采购动因，无异于掌握了 SaaS 的成功密码。以往 SaaS 服务商自认为的客户购买原因主要有三个：1）能帮助客户赚钱或省钱；2）能解决客户痛点；3）满足客户需求。从 SaaS 价值模型角度看，这三个原因都经不起推敲，所以它们也不是真正的客户购买动因。

首先，能帮助客户赚钱或者省钱的 SaaS，客户才会购买，这个结论在 SaaS 价值模型面前很容易证伪，因为即使 SaaS 帮不了客户赚钱和省钱，但只要能帮助客户达成关键业务目标，客户一样会买。原本也没人相信依靠 SaaS 的服务能赚钱。

其次，解决用户痛点中所谓的痛点更像是个体的感受，没法量化到底有多痛。除非管理者有痛点，否则没人会投资解决。但一个为了解决管理者痛点的服务，很难说有多大的生命力。企业并不存在痛点问题，但存在达成目标的障碍。价值模型用障碍代替痛点，是因为业务障碍的影响是可以量化的，可以从组织的角度解决。

最后，需求满足理论即只要满足客户需求，就可产生购买行为，目前大部分 SaaS 都是以此为根据进行营销。需求满足理论的问题在于，需求是一直存在的，而且还很笼统，所以需求并不是客户迫切购买 SaaS 服务的动机，也解释不了为什么客户会买你的 SaaS 服务，而不是其他同类服务。此外，企业中的个人需求大多是无足轻重的，而不同企业的需求又各不相同。其实，需求满足理论正是导致 SaaS 通用化和平均化的主要原因。在 ToB 的价值竞争时代，通用意味着"通常只有少数人用"，而平均化正是磨灭价值和产生平庸产品的主要原因。

使用 SaaS 的价值模型，能够透彻理解和分析企业用户的真正购买原因。

4.4.4　SaaS 的价值定位

绝大多数 SaaS 创业面临的第一个问题，就是"做什么"的问题。从产品角度看，这就是产品的定位问题。定位问题看似早有答案，实则很多 SaaS 产品都陷入一个定位的误区，即用 ToC 的产品定位方式来定位 SaaS 产品。虽然二者都是产品定位，但定位方式没有太多的可比性。ToC 的爆款产品离不开设计、营销、策划、流量、人气的配合因素，但对于 SaaS 产品来说，设计、策划、流量、价格等因素都不会产生黏性。用 ToC 的定位思维去定位 SaaS 产品，往往让后续的获客、留存和增长都变得异常困难。

都说 SaaS 创业有很多致命的坑，但如果回头看就会发现，其实这些坑都是连环坑，也就是由第一个坑导致第二个坑，依次引发到第 N 个坑，所以避开第一个坑就很关键。所谓第一个坑，就是 SaaS 产品的定位问题，表现为要么定位不精准、要么定位跑偏，其实这两种情况的结果都是一样的。在所有 SaaS 创业失败的原因中，排在首位的是"no market need"，说白了就是做的产品没人需要。如果不加思考地直接埋头做产品，极有可能会掉入 SaaS 的第一个坑。不要以为定位问题影响的只是定位，实际上，产品的设计、营销、销售、服务、续费都会受到定位的影响。

你可能会有疑问：很多 SaaS 公司似乎并不关注定位，不是也成功了吗？对于这个情况，我的理解是，首先，它们没必要告诉你它们的定位逻辑是怎样的；其次，媒体为了制造惊奇的效果，会淡化定位，让成功看起来充满运气的成分。我们看到和复制的 SaaS "赛道"都是定位的结果，而并不知其定位的过程。

SaaS 产品定位的本质是价值定位，一个产品的定位过程就是将价值与解决方案结合在一起的过程。如果结合得不好，价值与解决方案就变成了两张皮，影响价值的传递。比如，目前很多 SaaS 产品的营销都在大谈价值，销售员也是一上来就讲自己产品的价值。我们经常能听到诸如"助力企业数字化转型""赋能企业提升管理效率"这样的说辞。因为价值与产品解决方案是分离的，所以这种说辞很难与用户产生共鸣，更不用说触发客户的购买动机了。

SaaS 产品定位的目的是向潜在客户传递价值，而最有效的传递并不取决于一套漂亮的说辞，而取决于客户的共鸣。SaaS 价值模型有业务、目标、障碍和竞争四个要素，虽然通常我们以障碍为切入点，但是在定位问题上，我们还是应该选择目标这个要素作为价值沟通的基准。因为在目标绩效这个共同点上，更容易与企业客户的战略目标对齐。也就是说，一个有价值的 SaaS 产品不但能够解决用户目前的障碍，还能帮助用户达成更好的绩效，这个理念就是后面要讲到的价值型营销的基础。

4.4.5　价值让 SaaS 营销更容易

虽然 ToB 领域很少有"爆品"，但我们还是会看到，有的 SaaS 产品好卖，有的 SaaS 产品难卖。影响 SaaS 产品好卖或难卖的因素有很多，但销售方的营销方式起着重要的作用。SaaS 产品的营销除了常见的销售驱动方式外，还有一种价值驱动方式。从经典的顾客买钻头还是买钻孔的销售故事中，我们可以理解二者的区别：努力推销钻头的行为属于销售驱动，而关心顾客钻孔的，则属于价值驱动。相比于销售驱动，因为价值驱动是站在客户角度考虑的，所以它不但能激发客户的购买意愿，还能强化客户购买的迫切性。很显然，价值驱动会让 SaaS 销售更容易。

如果是按照 SaaS 价值模型设计产品逻辑，营销自然是以价值驱动为主。但很多 SaaS 公司都是先有产品，而没有考虑价值定位的问题，在这种情况下就需要重新定义和验证产品价值，否则就只能采用销售驱动方式。

实际上，大部分 SaaS 服务商都不会单独使用一种营销模式，差别只是价值驱动的营销成分不同。无论是策划 SaaS 新产品，还是为既有产品赋予新价值，都可以使用 SaaS 价值模型重构 SaaS 的价值。

4.4.6 价值量化

据统计，在传统企业软件领域，从全球看，真正达到成功标准的项目还不到 30%。对于 SaaS 虽然还没有看到确切的数据，但是也让我们开始思考：一个 SaaS 产品怎样才算是成功？这就涉及价值量化的问题。

SaaS 服务商总是默认产品上线必然会受欢迎，所以对于成功的定义，往往是从商业指标出发，比如 ARR、增长率、市场占有率等，这可能因为商业标准更容易测量，但是这些指标数据与客户认为的成功毫无关系。

对于 SaaS 服务商和客户来说，成功不可能存在双重标准，归根结底，成功是由价值定义的。如果 SaaS 产品的价值不能量化，双方的价值认知就会相左，即 SaaS 服务商与客户不是基于价值的合作，就会影响到客户终身价值。这种因为价值量化问题导致的买卖双方价值不对称的情况，在企业软件时代就存在，但是这并不影响交易，也就是说，软件厂商只要能完成交易和收回合同款，就算成功。但这个模式对于 SaaS 的合作却行不通，因为商业模式的不同，SaaS 需要确认成功，客户才有继续订阅的可能。

用 SaaS 价值模型作为双方共同的价值基准，通过确认目标、业务、障碍和竞争四个要素，在合作之前明确价值的量化问题，这无论对于 SaaS 服务商还是客户来说，都是一个重要和有益的工作。

4.4.7 价值竞争

按照 SaaS 价值模型，一家 SaaS 公司成功定位了客户的业务领域，也确实发现了客户达成业务目标所遇到的障碍。看起来这个 SaaS 服务将是一个有价值的服务，因为它完成了产品的定位过程，无论从哪个角度看，这个项目都是完美的，可以进入产品的开发阶段了。但是且慢，因为还有一个竞争因素没有得到验证。

即使有了帮助客户达成目标绩效的解决方案，也不一定能实现公司价值。因为实现价值主张还有一个条件，即只有当客户对目前的解决方案不满意时，SaaS 才有机会。这个条件实际上是一个竞争性条件，现有解决方案通常不是一种固定方案，可能是各种形式，甚至没有任何解决方案也是一种解决方案。做 SaaS 很容易落入想当然地认为 SaaS 是客户的唯一解决方案的误区。

在企业服务领域，SaaS 的竞争对手可能有多种，且不只是同领域的其他 SaaS，人工处理方式、电子表格、软件、企业习惯性做法等，都是 SaaS 的竞争对手。竞争的胜负是在一定的业务环境下，由解决方案的价值决定的。这点可能不太容易理解，我用一个实际的案例来说明。

我做过一个咨询项目，客户是一家主板上市公司。在正式实施业务板块的 SaaS 系统之前，我负责做业务的规划和梳理。在项目总结汇报中，我将梳理的业务关系和实施方案用 7 张 Excel 表及计算公式描述出来。

汇报结束后，董事长向我提了 3 个问题：①这 7 张表的数据和流程，是否能覆盖和支持该业务板块？②如果用 7 张表实施业务管理方案，现有业务管理部门的工作量有多大，要不要增加人手和岗位？③响应时间有没有问题？

我的回答是，咨询结果本身就是实施方案，所以答案是肯定的，这 7 张表可以完整覆盖所涉及的业务；因为捋顺了业务关系，明确了管理要素，实际上业务管理部门的工作量会减少 30% 以上，所以不需要增加人手；因为定义了数据和分析模型，响应时间完全可以保证。

董事长最后提了一个问题：7 张表就能做的事，为什么要花 70 万研发系统？我想读者也能猜到决策结果，最后客户自己按照 7 张表的实施方案，做了一套可管理的表格，直到现在还在使用。

在这个案例中，"失败"的 SaaS 服务商并不是败给了其他厂商，而是没有竞争过该业务的另一个解决方案，即表格方案。这也从另一个方面说明，对于一些过于复杂或过于简单，但个性化要求明显的业务，SaaS 并不是最佳解决方案。在 SaaS 产品策划的初期，这一点如果不带入 SaaS 价值模型考虑，就很容易被忽视。以至于一个看似极有价值的 SaaS，因为竞争这一个要素没考虑，使得整体价值模型受损。

所以我们并不能默认 SaaS 在任何情况下，都是一个最有价值的解决方案，也没有理由抱怨客户不懂 IT。因为使用 SaaS 并不是客户的目标，达成业务目标才是。帮助客户达成业务目标的解决方案有多种，客户只是选了更有价值的一种。

我们可能听说过有一种潜在客户被称为"非客户"，它们不用你的解决方案，但也没用竞争对手的方案，多数情况下这是因为非客户目前有比 SaaS 更适合的解决方案。这就是在价值模型框架下，对竞争的深层理解。

4.5 案例分析：Intuit 的成功秘诀

现在我们在价值模型的基础上，从达成用户目标的角度，分析一家 SaaS 公司的成功案例。这家公司就是 Intuit，一家市值超过 800 亿美元、提供财税服务的 SaaS 公司。

Intuit 目前热卖的产品是 QuickBooks，一款专用于小型企业的会计软件。其实，Intuit 一开始并没有进入 ToB 领域，它的产品主要是用于家庭或个人记账和税务申报。不过 Intuit 发现，很多小型企业都使用它的个人财务软件 Quicken 来管理企业的账务和报税。很明显这是一种很别扭的用法，因为企业的记账和报税与个人或家庭记账有较大的差别。

于是 Intuit 就有一个疑问：市面上有那么多功能强大的财务软件，比如 Oracle，为什么小型企业要用个人财务软件呢？原来，小型企业不喜欢使用正规的财务软件，是因为那些复杂的会计概念、术语、记账规则让小企业主感到头疼，若为此雇佣一个会计师又不划算。企业主们只想要一套有效率的财务管理机制，可以开发票、收款、支付账单、填报税表就够了。Intuit 敏感地洞察到，这才是小型企业财税业务的目标，这显然与大型企业的财务业务目标相差很大。基于这个用户目标，Intuit 推出了 QuickBooks，一款专为小型企业提供财税服务的 SaaS 产品。QuickBooks 一上市就取得了巨大的成功，迅速成为在线会计软件领域的全球领导者。

Intuit 的成功有很多因素，但最关键的是从客户要达成的业务目标出发，找到了 SaaS 的价值定位，比如让记账更简单、让开票更快、报税更准确。目标的差异导致定位不同，比如大型财务软件公司定位于做最好的财务软件，而 Intuit 则定位于小型企业的业务目标。这样看来，在小型企业记账领域，Intuit 的竞争对手并不是 Oracle 等专业财务软件公司，而是电子表格和其他记账软件。

作为练习，读者可以把 Intuit 的目标、业务、障碍和竞争四个要素，带入 SaaS 价值模型进行分析。当然也可以把自己的项目带入价值模型，做一个价值分析或价值验证。

4.6 本章小结

本章的一个核心内容是在 SaaS 行业首先提出了 SaaS 价值模型的概念,并指出该模型在 SaaS 创业路径上起到的重要作用。

SaaS 创业和经营过程中的很多棘手问题,都可以用 SaaS 价值模型进行分析和解决。

第 5 章 | CHAPTER

成功的 SaaS 是怎样炼成的

本章要点：

- SaaS 创业难在哪里；
- 寻找利基市场与切入点市场；
- 定义和刻画目标客户；
- 为产品赋予价值；
- 用 MVBP 代替 MVP；
- 找到早期客户；
- 定义核心竞争能力；
- 定价策略；
- 产品策略。

要想 SaaS 创业成功，离不开优秀的产品和精心设计的商业化过程。开发一个受客户欢迎的 SaaS 产品，需要一种系统化的方法和流程。

5.1 SaaS 创业的难点

市面上有各种创业训练营，也有很多创业指导书和成功创业者的传记，还有很多媒体角度的成功创业公司的报道。SaaS 创业者虽然能从中得到一些启发，但还是未能完全避免走弯路。这并非是那些训练和指南没有用，而是因为它们的侧重点是 ToC，也就是偏向消费领域的创业经验。即使有些经验包括了 ToB 领域，但 ToB 的范围实在是太大了，从行业、业态到工业产品，不一而足，就算是缩小到信息领域，也有软件、硬件、网络等数不清的细分类别，SaaS 创业的可借鉴性很低。它们从商业模式、实现方法、服务定位、销售、服务到运营方式，与 SaaS 业务都有很大的差异。如果不加分辨地借鉴，很可能走错方向，导致 SaaS 创业失败。

国内的 SaaS 创业难就难在缺少可借鉴的模式和经验，无论是成功的经验还是失败的教训。因此，在正式开启 SaaS 创业之前，厘清创业方法和路径很重要。

很多 SaaS 领域创业者到现在才明白，SaaS 创业原来是个苦活、累活。其实 SaaS 原本就与创新、颠覆、高科技、产品力这些"高大上"的概念没多大关系，SaaS 生意本质上就是企业服务的一种方式，将其归为服务业可能更合理。作为 SaaS 创业者可能很难接受这种说法，不管怎么说，SaaS 是当今热门的科技领域，其商业模式已经在一些发达国家得到实际验证。

实际上，SaaS 商业模式的创新早已由 Salesforce 完成了，现阶段 SaaS 创业的目标是利用已有的商业模式，为企业用户提供有价值的服务。所以，SaaS 创业就是把 SaaS 商业模式变成 SaaS 生意的过程。SaaS 经营的本质究竟是创新产品，还是提供服务，这个认知差距更是决定了 SaaS 的创业模式。所以，SaaS 创业成功的标志并不是推出了什么产品和有多少人使用。衡量 SaaS 成功的第一个标准，就是有企业愿意为你的 SaaS 付费。如果有第二个标准的话，那就是持续地付费。

正因为可借鉴的经验不多、模式不清晰，所以 SaaS 创业会遇到很多坑。如果出发点和创业方法、模式都正确，就像拿到了一张 SaaS 创业地图，可以规避创业路上的急流险滩，向着正确的方向前进。

5.2 选择利基市场与切入点

选择一个目标市场，对市场进行不断细分，直到找到一个能够迅速控制的细分领域，这个聚焦过程能够保证 SaaS 创业起跑成功。

5.2.1 选择一个利基市场作为目标市场

SaaS 创业者基本可分为三类：一类称为用户型创业者，他们对某个领域非常熟悉，比如教师做线上教育项目，这类创业者的目标市场非常明确；第二类是拥有技术或产品经验的创业者，比如拥有3D展示技术，那么目标市场就可能是装饰或工业设计领域；第三类是因SaaS火而创业，他们只是看好SaaS这种商业模式，但对目标市场还不太清晰。

无论是哪一类创业，当务之急都不是开发产品，也不是招聘开发人员和销售人员。当下首要工作是选定目标市场并做进一步细分，即在利基市场中，寻找没有得到满足的企业需求。找到一个细分市场，是SaaS创业的必要条件，不要指望能做出一个市场通吃的SaaS产品。迄今为止，还没有发现哪一家SaaS公司，是靠着向多个企业服务领域提供多种服务成功的。

很多创业者和投资人都不认可"利基市场"，认为市场空间不大、增长有限，会限制他们成为独角兽的梦想。实际上，并没有事实支撑这种想法，迄今为止我们还没有看到一家SaaS公司的市值或者收入增长，与其覆盖的业务大小成正比。需要解释一下，这里所说的"利基"，实际是专注的意思，也就是集中力量，服务特定用户群的特定业务，专注于最有可能赢得客户的领域。此外，业务领域窄，并不代表市场容量一定小，例如前面讲到的Intuit的案例，它专注小型企业的记账业务，但这个利基市场的容量甚至比大型财务软件的市场容量还要大数倍。

在对SaaS利基市场的认知方面，存在着两大陷阱：第一个陷阱是开发"通用型产品"，表现为"向所有人销售"，如果说在消费领域，还可能有人会购买这种通用产品，但在ToB领域，所谓通用，基本相当于"通常没什么用"。事实也证明了，对于国内 SaaS 市场，通用型、一站式产品或服务很难成为企业用户的"刚需"。

第二个陷阱是"大市场里分一杯羹"，国内有 4000 多万家企业，哪怕分个千分之一，也有 4 万家呢，客单价 1 万，收入就是 4 亿。这个逻辑的漏洞在于，你无法令人信服地证明为什么客户会购买你的产品，也无法证明你一定能拿到千分之一的市场份额。拥有大量资源的互联网巨头可以这样想，但 SaaS 创业公司并不具备这样的条件。

SaaS 创业必须避开上述两个陷阱，选择一个利基市场，作为自己成长的根据地。

5.2.2　对目标市场的验证

前面我们说过，SaaS 创业之路上存在很多陷阱，其中最大的一个陷阱是定位。如果这个坑没有避开，目标市场选偏了，经营阶段就会遭遇更多的坑。选择目标市场和细分市场，目的就是避免落入定位的陷阱。

在一般情况下，SaaS 创业者在决定创业之前都会有一个大致的方向，特别是用户型创业者，会对其选择的目标市场非常自信。不过，对于初次创业者，最好还是深入思考一下，你定义的目标市场是否足够具体，可能真实的市场情况和自己的行业认知并不十分吻合。而对于技术产品型和 SaaS 创业型创业者，他们的目标市场还不够明确，所以非常有必要先选择一个具体的目标市场。

总之，无论你自己认为对所选目标市场是多么的了解，都必须对目标市场做一个全方位的商业评估和验证。而对一个目标市场的判断必须是客观的，不能先入为主。对目标市场的验证主要围绕以下四个方面。

1. 目标客户是否有充足的理由购买你的 SaaS？

潜在目标客户是否愿意为了你的产品放弃其他的选择，他们这样做的理由是什么？有些 SaaS 创业者的答复是"我们技术更先进""我们在 ×× 方面有特点"，甚至是"我们在这个行业有很好的客户资源"等。这些都不是客户选择你的理由，这种自圆其说的问题在于你没有站在客户角度，而是站在自己的角度进行主观判断。

2. 目标客户的资金是否宽裕？

如果这个市场的客户没有钱，或者在信息服务方面的投资意愿不强，即使你很容易进入这个市场，后续的发展也是难以持续的。

3. 这个市场的毗邻市场是否也有机会？

如果所选利基市场的容量不够大，就需要向毗邻的相似市场扩展。如果能在赢得当前细分市场后，对目前产品或销售策略进行微调，就能进军毗邻市场，这是最好的结果。如果必须对产品或销售策略进行重大修改才能进入毗邻市场，就说明细分市场的可扩展性不佳，可能会限制业务规模的发展。

4. 市场中有没有阻碍你发展的强有力的竞争者？

实际上，无论选择什么领域，很少存在无竞争的市场。那么，你需要提出疑问：在客户眼中（而不是你的眼中），你的竞争对手的实力如何？竞争对手对你和客户建立的业务关系是否存在强大的阻碍？作为客户的新选择，你在竞争中胜出的策略是什么？

如果对上述目标市场四个方面的分析足够清晰，说明选择的目标市场是合适的。反之，哪怕只有其中一项的结果是否定或者不确定的，说明需要调整目标市场定位，或者需要进一步细分。

5.2.3 切入点市场

虽然对目标市场进行了细分，但是我们仍然没有足够的把握来完全控制目标市场。所以从市场切入的角度，我们还需要进一步细分，直到找到可以制胜的细分市场，这就是切入点市场的概念。

怎样知道我们找到的是不是一个切入点市场呢？根据《龙卷风暴》的作者杰弗里·摩尔的理论，定义一个正确的切入点市场有三个条件。

- ❏ 市场中的客户都购买类似的产品。
- ❏ 市场中的客户期望产品以相似的方式提供价值，且对于客户有相似的销售流程。
- ❏ 市场中的客户容易形成口碑效应，他们可以高效、可靠地推荐好友购买你的产品。

这三个条件非常简单且易于理解，对于 SaaS 细分业务的有效性描述十分到位。有些 SaaS 创业者采取与市场细分相反的过程，即把找到的所有可能切入点市场汇总在一起，合并成一个更加通用的市场。即所谓的通用型或一站式 SaaS。这类 SaaS 都很难成功推销出去，客户的付费意愿不高，背后的原因是违背了定义细分目标市场的三个条件，也就是说没有选对切入点市场。如同《抢滩登陆》游戏，如果没有成功地抢滩登陆，就不可能攻占任何一个岛屿。

说到切入点市场，让我想起亲身经历的一个案例。我之前的公司曾经花了近三年的时间，开发了一款称作"主线"的工具，上线后得到很多好评。可是上线两年多，这个功能始终是叫好不叫座，尽管我们下了很大的推广力度，但离预期市场目标仍很遥远。通过对用户行业进行细分，我们终于找到了主线的切入点市场：建筑施工和律师事务所，最终成为行业中难以替代的业务工具。

需要说明的是，我们进一步细分市场的目的并不是要把目标市场缩小到这个程度，而是首先找一个切入点市场，成为目前可以制胜的唯一市场。在耗尽现有资金之前，获得一个可控的市场，站稳脚跟。而其他细分市场，就是前面所说的毗邻市场，应作为下一步的扩充目标，在巩固了切入点市场的基础上，我们才有机会扩展毗邻市场。

5.3 目标客户画像

即使找到了切入点市场，下一步要做的也不是直接把产品或服务推向市场。在此之前还有一项重要的工作，就是充分认识切入点市场的目标客户，其中最重要的是最终用户。如果他们不购买你的 SaaS 服务，找到的目标市场也毫无意义。

大部分人自从开始创业后，看谁都像目标客户。那么究竟怎样的客户才是目标客户呢？我们需要给目标客户一个定义：所谓目标客户，是指一群拥有共同特征，出于相同目的，愿意购买特定产品的潜在客户。把目标客户的属性描述出来，就是我们平时所说的客户画像。

市场和产品人员对于客户画像都不陌生，讲产品的书和各种培训都有详细的客户画像方法。但是这些方法主要是面对个人消费者的，所以客户画像的维度大都是一维的，如性别、年龄、职业等。在 ToB 领域，SaaS 提供的服务是面向企业的，普通的一维画像就很难进行准确的商业化描述。对于 SaaS 来说，客户画像不再是单一维度，而是多维度主题的刻画，比如价值、绩效、功能、决策、采购等，每个主题下面包含多个属性。

按照 SaaS 价值模型，对于 ToB 的客户画像，最重要的是达成目标的障碍和绩效维度。障碍可以理解为平时所说的"痛点"，而绩效维度常常被忽视，遗漏了问题解决后的效果。知道客户问题所在，不代表你能解决；解决了客户问题，也不代表解决得好，所以客户画像必须体现障碍和绩效这两个重要维度。图 5-1 是目标客户画像结构示例。

画像主题	内　　容
基本属性	运输物流行业，集团下属200家公司，规模30 000人，年产值15亿元
业务背景	区域性物流竞争激烈
目标障碍	①发件积压严重　②差错率高经常被投诉　③员工季度考核不达标，影响收入和晋升
绩效改进	①发件无积压　②差错率投诉减少到2件/月　③季度绩效达标
购买标准	①可靠性　②总成本<10万元/年　③达到绩效要求
决策层成员	生产副总、CIO、采购经理
最终用户	车间主任、工人
核心需求	①发货速度提升30%　②差错率降到0.1%　③不增加人手

图5-1　目标客户画像结构示例

因为我们对目标市场进行了细分，目标客户画像也随之更加精准。这里所说的目标客户，是指切入点市场的目标客户。对这些客户进行建模和刻画，可以让目标客户变得更加真实，使得后续产品开发更有的放矢，避免对目标客户的盲目猜测。在客户画像这件事上千万不能怕麻烦，因为画像越细致、越精准，未来的营销和销售工作就会越顺利。

SaaS的客户画像有多种画法，如写真法、头脑风暴法、调研法、分析法、行业分析法等，推荐采用写真法。所谓写真法，就是找到最具代表性的用户，通过面对面的交流和确认，对客户画像主题属性按优先级排序，形成客户画像的属性列表。

客户画像的最终模型将成为创业公司的决策出发点，它还能帮助创业公司聚焦该做的内容，比如优先开发什么、不该做什么。最后想强调的是，客户画像不只是产品和市场的工作，创业团队全员都需要参与进来。

准确的目标客户画像使最终用户更加具象和真实，不但为产品设计奠定了基础，更重要的是确定了未来的销售目标。不再是泛泛而谈的"最终用户"，客户画像为精准营销打下了基础。如果创业者的名气足够大或客户资源丰富，有可能会找到"灯塔客户"，即那些在行业内有很大影响力的企业。参考它们的行为规范，有助于目标客户画像更加准确和更具代表性。

5.4 为 SaaS 赋予价值

说到"价值"这两个字，总有一种说不清道不明的感觉。无论是做市场，还是做销售，都是不离开价值的。但当被客户问到所提供的服务究竟有何价值时，我们往往又很难说清楚。实际上，关于 SaaS 价值的表达，始终存在两个难点：一是价值定位；二是价值量化。

对于价值定位要回答的问题是：你的 SaaS 究竟能为客户提供哪些价值、如何提供。而价值量化的问题是：如何衡量 SaaS 所提供价值的大小以及客户的价值认知问题。价值定位和价值量化共同决定实际的客户价值，即"客户价值 = 实际价值 × 客户认知"。

在完成目标客户画像的基础上，利用前面讲到的 SaaS 价值模型，就能够较好地表述 SaaS 的价值定位和量化问题。

我们先说 SaaS 的价值定位。在 SaaS 价值模型中，我们利用"业务目标"这个要素，可以找到客户目标，并确定目标一致性。客户购买 SaaS 服务，一定是为了解决目标绩效的障碍，由此可以发现客户的购买目的。而一致性是说，SaaS 服务商的价值主张必须与客户画像中的主要购买期望保持一致，比如：客户购买 SaaS 的目的是加快发货速度和降低差错率，而你的价值主张是降低运营成本，这显然是不匹配的。

接下来再说价值量化问题。以发货速度和差错率为例，发货速度和差错率都是可以衡量的。当然，在有些情况下，价值是不能精确衡量的，我们只能以客户达成目标绩效的程度，也就是用 SaaS 的效用来量化价值。价值定位和量化是依存关系，即一定是在价值定位正确的基础上，价值量化才有意义。

最后说说如何实现价值最大化。因为在客户画像中，我们事先分析和排序了最终用户需求的优先级。解决方案聚焦排序在前的关键需求，就能实现价值的最大化。

价值定位和量化的过程也是对切入点市场的验证过程。如果在价值定位或价值量化过程中出现了问题，原因或许是切入点市场的选择有误，也可能是这个领域有其他更好的解决方案。无论是哪种原因，都不要继续走下去，如果在一个错误的方向走得太远，最后连撤退的机会都没有了。

5.5　改进的 MVP

针对目标市场，找到切入点市场，完成目标客户的画像，并对 SaaS 做价值定位，之后我们就可以再向前推进重要的一步了，即用产品模型验证之前所有的假设。

虽然创业团队对自己的选择充满信心，但实际情况究竟如何，还必须放到实际的业务情境下进行验证。要验证的问题有两个：①产品是否解决了客户要解决的问题？②客户真的愿意为此买单吗？验证这两个问题，需要用到 MVP（Minimum Viable Product，最小化可行产品）的概念和方法。

Eric Ries 在《精益创业》这本书中提出了 MVP 方法。其基本方法是做一个 MVP，然后小范围发布给早期的接纳者，弄清楚早期接纳者是否认可你的独特卖点，测试是否有人愿意为此产品付费。这个方法的好处是不必把产品的所有功能都做出来，只需要做出对客户最重要的功能。这个方法看起来既经济又敏捷，被广泛采用。

但我们在 SaaS 的产品实践中很快会发现：将 MVP 方法运用于 SaaS 创业的初期，存在着很大的限制或者缺陷。核心问题总结如下。

- MVP 定义的最简可用产品，适合消费领域的产品创意表达。客户很可能因为对主要功能的喜爱，就愿意为此创意付费；但是在 SaaS 领域，MVP 方法受到了很大限制，主要问题是 SaaS 产品模型大多是多维度的，MVP 并不能系统和全视角地描述复杂的企业业务。
- 策划一个 SaaS 产品会预先假定很多条件，这一点在前面各个环节都有涉及。在用 MVP 与客户交互的过程中，如

- 果没有在MVP中集成进这些假设条件，MVP的效果不会让人满意。
- 我们知道，ToB领域的最终用户与付费客户通常不是同一个角色。MVP的交互对象是最终用户，但是MVP方法不能直接从最终用户那里得到客户是否愿意付费的验证。

不管怎样，在验证产品适用性和测试客户付费意愿方面，MVP仍是一种简洁和方便的方法，但是需要对其进行改良才能用于SaaS产品，即将MVP变成MVBP（Minimum Viable Business Product，最小化可用业务产品），通过集成所有假设条件，重新定义MVBP，使其兼具简单性和业务完整性，准确地验证最终用户和付费客户的付费意愿并形成有效反馈。按照这样的目标，MVBP要达到以下三个验证目的。

- 客户使用产品是否能获得价值。
- 通过MVBP获得足够的反馈。
- 找出客户愿意付费的驱动因素。

MVBP的设计必须围绕上面三个要素，区分参与的两类客户的作用：最终用户针对的是前两项；付费客户针对的是第三项。列出所有业务场景假设，根据反馈删除其中不太重要的，最后利用关键假设修改MVBP，便能得出客户是否愿意购买这类产品的结论。

5.6 找到早期客户

MVBP完成后，SaaS创业的方向、切入点市场和路径已经基本清晰。按照通常的创业方法论就可以着手开发产品了。不过，对于 SaaS 这种复杂的产品和服务模式，创始团队还必须完成一项重要且困难的工作，那就是找到足够多的非关联客户，验证这些客户和客户画像是否真的吻合，从他们的角度验证切入点市场是否真实存在、价值定位是否准确以及解决方案是否切实地解决了他们的问题。如果这些问题没有得到完全验证，后面的不确定性风险可能会很大。花费较小的验证成本，总要好过后面数倍纠偏成本。

对于要找什么样的验证客户和找多少，是有严格要求的，基本条件是，要找的潜在客户至少需要满足以下四个要求。

1. 必须是非关联客户

所谓非关联客户，不能是投资人的关系网，也不能是那些之前的客户、合伙人、同事，或者社交网络上的人。一句话，这些客户与你毫不相干。

2. 符合目标客户画像

必须确保找到的潜在客户，与你之前所做的目标客户画像完全吻合。保证所有客户的同质性非常重要，只有这样验证才有实际意义。如果找到的客户不符合要求，不但无法提供可靠的验证信息，而且会把发展方向带入歧途。

3. 至少需要 10 个以上

根据客户画像的模型特征，至少需要找到 10 个符合最终用户特征的潜在客户，验证结果才具有统计上的可靠性。实际上，你不可能等到验证阶段再去现找客户，而是应该在创业之初，就开始搜集和建立用于验证的潜在客户名单。要确保找到至少 10 个客户，可能要准备数十个甚至上百个客户才行。这 10 个客户的重要性在于，它们可以保证未来公司的第 1000 个客户都与这 10 个客户是同一类型，因为他们有相似的问题和诉求。如果前 10 个客户的问题解决了，公司的核心问题也就解决了。

4. 真实性测试问题

表面上的喜欢或者不喜欢并不重要，重要的是愿意为此类服务付费。所以，意愿性测试必须以是否付费为验证标准。"如果市面上有这样的产品，你是否愿意付费使用？"对于这个问题的回答，在很大程度上能够确认客户的真实想法。

上述四个要求看似简单，其实操作起来难度非常大，多数情况下，不是找不到足够多的客户，就是找到的客户不符合定义，付费问题更是很难问出口（这需要讲究方法，不能让客户觉得你是在推销产品）。于是，很多创业者也就降低了要求，比如动用自己的亲戚朋友、投资人的关系，甚至 SaaS 创业公司之间抱团取暖和相互支持。也有的 SaaS 创业公司干脆绕过验证环节，直接开始做产品，先进入市场再说。事实也证明了，这种做法会造成后期的纠错成本非常高。

找到了符合标准的验证客户，验证结果有以下三种可能，对于每一种反馈都需要有对应的措施。

（1）大部分客户的反馈都是"不错""挺好的"

首先，这未必是一个好现象，实际上，这很可能是无效反馈。特别是如果找到的都是关联客户，他们并没有深入探究切入点市场和产品要解决的问题，只能是敷衍了事。

不过，这种情况也可能是验证方法有问题导致的，比如把MVBP丢给客户"测试"，或者是付费意愿的调查询问方法不对，让客户误以为是在推销产品。这样的结果不能算是完成了验证过程，需要找出失败原因，重新做一遍。

（2）有很多负面的反馈

俗话说得好，有褒贬才是买主。如果客户表示愿意付费使用这类产品，但是从目前的MVBP看，还有很多问题，这其实是一个很好的结果。首先，客户的付费意愿说明市场定位和价值定位是对的，这个结论非常重要。其次，负面反馈说明MVBP中的某些假设存在问题，这也是一个宝贵的信号，说明这些假设原本很重要，但是被忽视了。

（3）全盘否定

令人沮丧的是，如果所有客户对MVBP的所有假设都给予了否定，这种情况下就需要回到原点，重新考虑切入点市场是不是存在偏差。

总结一下，无论遇到什么情况，客户验证这件事都必须按照标准做好。除非极端情况，负面反馈并不表示之前所有工作都是无效的，反而是坚守错误方案，无视客观事实的高歌猛进才是SaaS创业失败的根源。

5.7 定义核心竞争力

前面我们说过，投资人向创业团队提出最多的一个问题是：你的"护城河"是什么？实际上，SaaS 并不是一个创新性业务。再者，作为一个初创企业，我们还没有什么"城"可护。其实当前应该考虑的不是护城河问题，而是如何定义自己的核心竞争力。

对于 SaaS 来说，所谓的核心竞争力，可以解释为什么你的企业能够为客户提供竞争对手无法提供的服务。由此可以看出，定义核心竞争力是一件非常困难的事，因为大部分初创 SaaS 公司都很难轻易找到自己超越对手的优势。也有创业者把自己其他方面的优势当作公司的核心竞争力，这里我们有必要展开讨论一下核心竞争力问题。

5.7.1 什么不是核心竞争力

在讨论核心竞争力之前，我们先明确什么不是核心竞争力。

1. 先发优势

将先发优势当作核心竞争力，是企业服务领域一个很常见的误区。企业服务领域的先发优势是指最先进入这一领域的 SaaS 公司。因为当时竞争者不多，创业资本相对充裕，容易获得大量的客户，成为所谓的头部公司。但是，大多数 SaaS 先行者的结局是因盈利困难或资金消耗殆尽，被后来居上的 SaaS 公司所取代。在企业服务领域，先发优势甚至被视为劣势。

2. 技术和产品

一些技术创业者常常把专利、专有技术、平台等当作核心竞争力，也有一些产品经理把自己的产品差异当作核心竞争力。其实这是很大的误区，相当于拿着一项技术去找解决方案，这显然是违背常理的。这些技术如果不能转化为方案优势，单靠技术和产品很难产生有意义的差异化，即使有暂时优势，也难以长久维持领先的状态。

5.7.2 什么可能会成为核心竞争力

下面我们再来讨论什么可能会成为核心竞争力。

1. 价值定位能力

目前在国内 SaaS 领域，SaaS 产品要么是复制国外的赛道，要么是做通用型 SaaS，真正自己发现和定位用户价值的 SaaS 并不多。从供需关系看，一边是数量庞大的客户市场，另一边是缺少适其所用的 SaaS 服务。

所以，拥有精准价值定位能力，避开红海竞争，可以成为核心竞争力。

2. 客户服务能力

SaaS 商业模式高度依赖客户留存，而留存又依赖于客户服务，甚至 SaaS 领域产生了一个被称为客户成功的专有服务模式。建立客户服务能力是一种组织承诺和企业文化主张，需要做到竞争对手难以做到的程度，甚至是制定苛刻的维护客户利益的规定，比如我原来服务的公司，曾经就有"30天无条件退款"的服务。持之以恒地强化客户服务，终究会变成一种核心竞争力。

3. 成本控制能力

前面讲SaaS盈利模式时，我们介绍了不同的SaaS模式，其成本构成也不同。通过业务设计获得的最佳收入模式是纯粹的、服务自动化的订阅模式，其成本最低、规模化收入更高。此外，经营过程中的获客成本和服务成本，是制约盈利水平的关键因素。

国内企业服务领域很多企业是通过价格战抢占市场的，但是低价的基础不是降价，而是低成本。虽然低价不是核心竞争力，但是如果在综合成本方面战胜竞争对手，成本控制能力就能成为公司的核心竞争力。

4. 强化商业模式

前面我们说到SaaS的商业模式包括四个维度，即客户价值主张、盈利模式、关键流程和关键资源。因为四个维度之间存在紧密的关联，所以单个维度上的增强，对于加强核心竞争力的作用是有限的。只有在商业模式四个维度上不断磨合和优化，才能从根本上建立核心竞争力，客观上也起到了护城河的作用。

那些成功的SaaS公司，无不把商业模式的四个维度都做到极致。

5.8 SaaS 的定价策略

SaaS 的定价与其他产品和服务的定价有较大的差异，特别是对于国内的企业服务市场，SaaS 定价不能使用传统的定价模式和财务的测算方法，更不能照搬国外的 SaaS 定价策略。

客户对 SaaS 的价值认知，在很大程度上决定了 SaaS 的价格。

1. 定价逻辑

SaaS 盈利模式的独特性，决定了其定价的合理性和特殊性。其实所谓合理性，并没有什么道理可讲，但也不是拍脑袋定价，实现 SaaS 的合理定价取决于买卖双方的价值平衡。

从 SaaS 服务商的角度看，SaaS 兼具了企业的公共服务属性和互联网产品形态属性。这个特点决定了 SaaS 不是一个靠高定价获取高收益的行业，而客户的数量是一个衡量企业价值的重要指标。所以 SaaS 的定价，是在实现更多收入和吸引更多客户之间建立平衡。

再从客户的角度看，对于大部分国内企业来说，依靠信息服务和数字化技术带来的实际收益并不显著。如果 SaaS 定价过高，就会增加企业的经营成本，因而导致 SaaS 的客户数量减少。

所以，收益与客户数的平衡是 SaaS 定价的基本逻辑。

2. 定价依据和影响因素

传统的成本定价方式不适用于 SaaS 定价，成本不是 SaaS 定价的关键因素。SaaS 服务的定价应当基于为客户创造的价值，而不是产品本身。

我们知道，决定价格或交换价值的三要素是有效用、认知和稀缺性。这个规律是通用的，也适合 SaaS。一个 SaaS 服务只有有效用或有价值，才会有客户购买。但仅有价值和有效用还不够，还要看买方对产品价值的认知。最后是稀缺性，在企业服务领域的市场竞争中，价格主要由供需稀缺性决定，如果同类 SaaS 很多，质量水平相差不大，就没有稀缺性。而选定的利基市场独特，就会增加稀缺性，SaaS 价格就可以定得较高。

目前困扰 SaaS 定价的主要因素是认知，因为价值的认知有非常大的主观性，甚至是客户认知决定了价值的高低。本书用很大篇幅讨论价值，目的就在于告诉大家如何提高 SaaS 客户的认知。我们重点要解决两个问题：一个是价值量化问题；另一个是价值认知问题。前者是关于效用显性化的问题，后者是向目标用户传递价值的问题。这两个问题是有因果关系的，如果价值不能量化，也就没办法被传递。

SaaS 价值模型在一定程度上解决了价值量化和客户认知的难点。需要说明的是，无论是价值量化还是价值认知，都必须站在客户的角度呈现，而不是 SaaS 服务商自己认为的价值。

按照定价三要素的规律为 SaaS 定价，就能避免拍脑袋的任性定价和没有策略的随大流定价。按照价值量化和价值认知观点，并非所有的同类 SaaS 都在相同的定价区间，也并不是只能依靠价格战才能胜出。

3. 考虑具体国情

国内 SaaS 的定价需要考虑两个方面的问题：一个是客户对 SaaS 的价值认知；另一个是客户的付费意愿和能力。这两个问题在国外企业服务领域基本不存在，是国内企业环境下特有的问题。

国内企业客户对机器设备等有形产品的价值认知，与实际产品价值比较相符；而软件虽然也属于无形产品，但作为企业的资产，其价值也能被企业认可和接受。但是 SaaS 作为非资产化的信息服务，企业客户对其价值的认知偏差非常大。

这就给 SaaS 的定价带来很大障碍，客户不愿意花费较高的代价，去尝试一种效果未知的服务。

前面我们曾经讨论过，SaaS 的主要受益客户群是中小企业，它们在经营上的投入重点主要是那些必需的生产资料或其他必要支出。但目前来看，SaaS 还不是中小企业的刚需。特别是在经济状况不佳的情况下，面对过高的价格，它们可能会暂缓购买。

5.9 产品策略

SaaS 的产品发展策略本身就是一套完整的产品体系，不属于本书的讨论范围，我们只选取与 SaaS 运营有关的策略加以讨论。

1. 是否要做平台

SaaS 初创公司是否要做平台，这是一个产品架构策略层面的问题。原则上，对于工具型或者某些单一业务的 SaaS 服务，通常将其做成一个独立的应用，类似一个开箱即用的软件产品。而对于处理复杂业务的 SaaS 服务，通常需要把应用平台与业务应用在架构逻辑上分开，即需要先做一个应用平台（Application PaaS，APaaS）。比如只做一个销售漏斗工具，直接做成一个应用即可；但如果要做一个功能完整的 CRM，最佳方案是先做一个 APaaS，然后再在平台上开发业务应用。

对于"平台"一词存在不同的理解：一种理解是 PaaS；另一种理解是 APaaS。PaaS 代表纯粹的平台概念，除了为自己的应用提供服务外，还支持伙伴或开发者的应用开发和部署；而 APaaS 则基本服务于内部应用。对于用户来说，有没有平台、有什么平台并不重要；而从创业的目的看，很少有初创公司先做一个 PaaS。

至于要不要做 APaaS，也不是我们讨论的重点。实际上做 APaaS 的主要目的纯粹是弥补 SaaS 个性化的"短板"和提高交付的效率。比如，可以在 APaaS 上定义并创建一个新的业务对象，修改或扩充一个已有的业务对象，或增加、修改一个业务字段；此外，客户也可以自定义业务流程。

总之，业务上的"个性化"基本可以通过配置而不是写代码的方式实现。破解 SaaS 广受诟病的不支持定制化和个性化的技术缺陷，APaaS 是一个重要的方法。至于 APaaS 能否发展成为 PaaS，还要看 SaaS 承载的业务范围，这应该是 SaaS 创业成功之后要考虑的问题。

2. 是否要支持私有云

因部署方式的不同，SaaS 分为公有云 SaaS 和私有云 SaaS，后者也包括本地化部署。作为一个目标市场明确的 SaaS 创业公司，最好是不做私有云 SaaS 或本地化部署。如果必须要做私有云模式，也应该只是权宜之计，比如通过私有云项目筹集创业资金，而不是把私有云当作主营业务。

客户要求私有云部署，除了所谓的安全问题外，通常也伴随着二次开发的需求。一旦私有化部署，对于 SaaS 服务商而言，这个部署的软件版本就是一个独立版本，也就是说，不能再统一提供包括优化和升级等服务了。在这种情况下，SaaS 的商业模式也将发生变化，因为多数情况下会成为一个客户买断项目，与软件项目就没什么区别了。而对于一家初创 SaaS 公司来说，除了公有云版本之外，如果还要维护多个私有云版本，这不但不现实，还会迷失创业方向和初衷。

3. 是否要扩展业务

初创 SaaS 企业通常是从一个较窄的利基市场切入和起步的，要使 SaaS 业务发展具有增长性，就需要考虑向切入点市场的毗邻市场扩展。

对于初创公司来说，扩展的原则首先是考虑业务的关联性，即以支持用户尽量完整的业务为目的。比如做合同管理 SaaS，就可能会考虑电子签约。对于发展成熟的 SaaS 公司，其扩展的市场首先应考虑可以形成互补的业务。

5.10 本章小结

虽然本章讨论的都是与产品有关的内容,但 SaaS 创业不能简单理解为做一个产品,然后去市场推销的过程;必须同时考虑目标市场、产品设计、用户验证和商业化过程。

本章内容包括了从产品的切入点市场到产品策略的演进路径,并对过程中的每个关键环节都做了深入讨论。除适合产品人员阅读外,对于市场和运营人员也有帮助。

第 6 章 | CHAPTER

SaaS 获客概述

本章要点：

- SaaS 获客的概念；
- SaaS 获客的目的；
- 获客成本和留存成本；
- SaaS 的获客流程；
- SaaS 的渠道获客；
- SaaS 的获客质量；
- SaaS 的销售组织。

获客是 SaaS 经营过程中最为重要的部分，而 SaaS 的获客与目前流行的获客概念有着本质的区别。本章对 SaaS 的获客理论进行了深入的讨论，特别是价值型获客的理论，为后面的获客实践过程奠定了坚实的基础。

6.1 价值型获客

从客户的角度看，所谓获客，就是让潜在客户购买你的产品或服务。我们知道，ToB 销售主要有三种类型：产品型销售、解决方案型销售和价值型销售。相应地，获客也有三种模式：产品获客、解决方案获客和价值获客。实际上，无论 SaaS 服务商采取何种获客模式，最后都会归结为价值获客。也就是说，获客能否成功，主要由客户的感知价值决定。所谓客户感知价值，是指客户认为的价值，而不是 SaaS 公司标榜的价值。也许你会说：客户自认为的不是事实。其实是不是事实根本不重要，重要的是，客户认为你的 SaaS 没价值，那就是没价值。如果我们把客户感知价值进行量化，它可以表示为：

客户感知价值＝SaaS 提供的实际价值 × 客户认知

说得极端一点，如果客户认知为零，那么客户感知价值也等于零，成功获客就不可能发生。我们可以进一步把决定成功获客的客户感知价值展开，就能发现成功获客的关键要素：

SaaS 提供的实际价值＝产品价值 + 市场人员贡献的价值
　　　　　　　　　＋销售人员贡献的价值
　　　　　　　　　＋实施人员的交付价值

所以：

客户感知价值＝（产品价值＋市场人员贡献的价值
　　　　　　　＋销售人员贡献的价值
　　　　　　　＋实施人员贡献的交付价值）× 客户认知

这个公式虽然只有两组变量：组合价值和客户认知，却能解释 SaaS 获客过程中很多困扰我们的问题。很显然，三种获客模式的客户感知价值是不同的，获客的效果也是不同的，我们看以下三组客户价值公式。

1. 对于产品型销售

SaaS 提供的实际价值＝产品价值
客户感知价值＝产品价值 × 客户认知

因为市场和销售除了介绍产品功能外，没有传递其他价值。

2. 对于解决方案型销售

SaaS 提供的实际价值＝产品价值＋市场人员贡献的价值
　　　　　　　　　　＋销售人员贡献的价值
客户感知价值＝（产品价值＋市场人员贡献的价值
　　　　　　　＋销售人员贡献的价值）× 客户认知

因为市场和销售员向客户传递了解决方案价值。

3. 对于价值型销售

SaaS 提供的实际价值＝产品价值＋市场人员贡献的价值
　　　　　　　　　　＋销售人员贡献的价值＋绩效价值

$$客户感知价值 = (产品价值 + 市场人员贡献的价值$$
$$+ 销售人员贡献的价值 + 绩效价值)$$
$$\times 客户认知$$

获客的过程本质上就是价值传递的过程。无论是营销过程，还是销售过程，其实都是在向客户传递价值。传递价值不是 SaaS 服务商自说自话，而必须被潜在客户感知到，否则获客就可能会失败。通过增加 SaaS 的价值和提高客户认知，就能提高获客成功率，这就是 SaaS 获客的基本逻辑。

目前三种获客模式都有 SaaS 服务商采用，以产品型获客模式居多，而采用价值型获客模式的服务商较少。获客模式不同，导致客户感知价值存在差异，不同 SaaS 公司的获客能力也存在较大差距。

价值型获客离不开客源拓展和销售人员的参与，他们的核心作用就是最大限度地把 SaaS 的价值传递给潜在客户，并被客户所感知。整个获客过程可以分为两个部分，即线索生产和销售成交，这两部分内容将在后面章节进一步展开。

6.2　SaaS 的获客

获客是近几年的一个热门话题，但是究竟什么是获客，在不同的行业和领域，对获客的理解也不一样，谈到获客，很多人还经常与市场营销、销售，甚至是线索、流量这些概念混杂在一起。特别是 ToC 和 ToB 领域所说的获客，差别就更大了。

对于 ToC 来说，获客的含义非常宽泛，各种能吸引顾客的活动都算是获客策略。比如一家美容机构，只要能把顾客吸引来店，即使该顾客只消费 10 块钱，那也算是成功获客了。也就是说，ToC 对于获客的质量没有要求。如果 SaaS 也像 ToC 那样，与客户只有一次或少量交易，那么大部分 SaaS 公司都得破产。

对于 SaaS 来说，签单不等于成功获客，只是达到了最基本的 SaaS 获客标准。按照 SaaS 获客标准，之前已签约的客户未必是达标的获客，甚至可能都算不上是获客。因为不达标的获客对于 SaaS 来说很可能是一笔亏损的交易，即 CAC>LTV。所以对于 SaaS 来说，获客质量是一个关键的获客考量指标。与客户签约只是完成了获客过程的一部分，只有客户具备持续订阅的意愿，才算实现了完整的 SaaS 获客过程。确切地说，SaaS 所指的获客过程是从获取线索一直到交付后的这段过程。这并不是说 SaaS 获客很复杂，而是由 SaaS 的商业模式决定的。

以前我们常说，SaaS 的本质是续费。其实更确切的说法应该是，SaaS 生意经营的本质是经营客户终身价值。所以，对于 SaaS 来说，获客的概念有着完全不同的重要意义。

6.3 获客的目的

对于 SaaS 来说，获客并不像其他生意那样以交易为最终目的。因为考虑研发、获客、服务等综合成本，在销售达成时并不能产生利润，而实际利润是在未来客户生命周期中实现的。所以 SaaS 获客的目的是为了创造更大的 LTV，也可以说 LTV 才是 SaaS 公司的未来。

在讨论 SaaS 盈利模式时，我们已经了解了 LTV 的基本概念。分析 LTV 的目的并不只是看几个数字那么简单，而是要理解数字背后的经营逻辑。为此，我们把 SaaS 业务的 LTV 拆分为五个构成要素，每个要素背后，都对应着不同的获客方法和获客活动。

❑ 一次性收入

包括签约服务后的所有一次性收入，主要是客户第一年的订阅费、实施费、集成费以及合同中约定的其他一次性费用。

❑ 经常性收入

主要是订阅费，也可以包括使用量费用，比如短信。

❑ 增量收入

可以理解为追加销售，主要包括增加用户数、升级到高级版本、购买其他服务等收入。

❑ 客户净留存

为了简化起见，很多 SaaS 公司使用客户数量留存率的概念，其计算公式为：

客户留存率＝1 -（期初客户数 - 期末客户数）/ 期初客户数

按客户数留存的计算方式，虽然可以分析留存率的大致趋势，但对于精细化运营来说，还是比较粗糙的。行业内通常以金额衡量留存率，即净收入留存率（NDR），NDR 的计算公式：

NDR＝（beginning revenue + upgrades – downgrades – churn）/beginning revenue

❑ 客户生命周期

因各种原因导致服务合同终止，本次合作的客户生命周期便结束了。当然也存在客户回流的情况，即又一次签约服务。

从 LTV 的构成要素可以看出，订阅模式是 SaaS 盈利模式的一大优势，优秀的 SaaS 公司的 NDR 能做到 120% 以上，这意味着即使不再销售新客户，公司仍能获得比上期更多的收入。但这一切都建立在客户生命周期的基础之上。很显然，客户的生命周期越长，LTV 也就越大。

但是我们必须清楚，订阅模式也存在较大风险。因为客户生命周期直接决定了客户终身价值。如果客户在短时间内终止合作，就不会产生经常性收入和增量收入了，可以说这次获客就是失败的，因为获客投入的成本尚未完全收回，公司在这次交易中就产生了亏损。

分析 LTV 数据不是目的，找出提升 LTV 的方法才是研究获客的重点。从客户全生命周期看，一个客户的 LTV 主要由获客质量和服务质量决定，而获客方式又会影响获客的质量，比如产品与客户需求不匹配、客户对价值不认可、草率或勉强地签约，都将降低获客质量，进而影响客户生命周期。为了提高获客质量，就需要有针对性地设计获客流程以及对应的获客动作，这些内容都会在后面章节展开讨论。

如果后期得不到有效的服务，客户也可能终止合作。还有一种情况，即客户公司业务转型或者企业倒闭，客户生命周期自然也就终止了。这种情况在国内并不是个例，有统计表明，国内中小企业的平均寿命只有 3 年左右。我们将在后面的章节讨论如何通过客户成功管理，提升服务的有效性和延长客户生命周期。

进入正常运营状态的 SaaS 公司，在 SaaS 订阅收入模式的作用下，LTV 会逐渐走高，如图 6-1 所示。

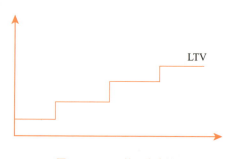

图 6-1　LTV 的正常走势

有一次，我与管理团队讨论完 LTV 之后，他们马上请我给出提升 LTV 的方法和措施。那么，这里就有个问题：LTV 是否越高越好呢？其实未必是这样。首先，LTV 本身的高低并不能说明 SaaS 是否盈利。其次，提高 LTV 也是需要成本的，包括获客成本和客户留存成本。最后，LTV 真正聚焦的是利润而不是收入，只有 LTV 远大于 CAC 时，公司才可能盈利。

6.4 获客的成本

如果不计成本，SaaS 的获客也不是什么难事，所以获客成本（CAC）是一个需要重点关注的指标。强调获客成本的意义在于，一家 SaaS 公司需要多久才能盈利、能不能盈利，在很大程度上是由获客成本决定的。

SaaS 获客成本的计算公式是"CAC= 市场和销售费用 / 同期新增客户数"。我建议把实施和培训等交付之前的所有费用都计入 CAC，因为只有成功完成交付，才算是真正获得了客户。实际上，绝大多数 SaaS 公司的获客成本都被严重低估了。我经常会请市场或销售人员估算获客成本，然后再用公司的数据计算获客成本，两者的差距有时会相差数倍。同样，分析获客成本的数据不是目的，找到造成高成本的原因，并将其降低才是获客管理的真正意义。造成获客成本增高的原因虽然很多，但最主要的原因还是经营效率低导致获客成本居高不下，而其中影响最大的一项就是销售效率。比如不合理的销售流程，做了大量的无用功，拉长了销售周期，在不对的客户身上花费大量成本等，都会降低销售效率。

实际上，SaaS 公司最难解决的问题也正是销售效率问题。而决定销售效率的主要因素是销售流程，销售流程是整个获客流程的核心，所以我们讨论获客流程，主要是研究销售流程。一家成熟的 SaaS 公司，随着不断优化获客流程，CAC 曲线呈逐渐下降的趋势，最后到达稳态，如图 6-2 所示。

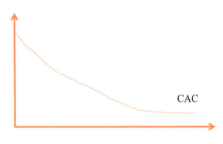

图 6-2 正常情况下 CAC 逐渐走低

为了提升市场占有率,很多 SaaS 公司都会投入重金砸市场,这些 SaaS 公司一开始的 CAC 都会非常高。实际上 CAC 的高低本身不是问题,关键是能获取多大的 LTV,比如大客户的 CAC 都比较高,但是 LTV 也很高,通常 LTV/CAC>3,所以付出高成本也是值得的。

6.5　客户留存成本

我们知道,因为 LTV 的提升有赖于获客和客户成功流程共同的作用,所以,除了在获客上投入外,还必须增加客户服务的投入。获客会产生获客成本,维护 LTV 也需要投入客户留存成本(Customer Retention Cost,CRC)。CRC 虽然不属于获客成本,但会对 LTV 产生重要影响,也会提前占用一部分利润。为了完整讨论 LTV,我们把 CRC 放在这里一并说明。

与获客成本类似,客户留存成本也需要合理地计算和分配。所谓合理是指既不盲目增加客户成功的投入,也不把客户成功视为纯粹的成本加以限制。

客户留存成本的计算公式为"CRC= 总服务成本 / 活跃客户数"。为了衡量客户服务带来的收益,需要计算 LTV/CRC,以评估客户服务对增加 LTV 所起的作用。

6.6　获客成本与收益

从经营角度看,SaaS 获客的本质是用获客成本换取客户终身价值。从 SaaS 的整个获客过程可以看出:在 SaaS 业务的初期,CAC 要远大于 LTV,随着业务趋于成熟和稳定,CAC 会逐渐降低,直到大大低于 LTV,二者正常的发展过程如图 6-3 所示。

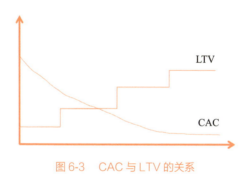

图 6-3　CAC 与 LTV 的关系

注意图 6-3 中 LTV 与 CAC 曲线的相交点,即在这一点上"LTV=CAC"。这是一个重要的标志,遵循第 5 章所讲的 SaaS 创业的关键路径,在每一步都正确的情况下才可能达到这个交汇点。如果前期准备不充分,或者在关键路径上出现偏差,即使消耗掉所有资金,LTV 和 CAC 曲线都不会相交。

在提升 LTV 的同时，降低 CAC，才是 SaaS 获客和持续经营的目的。而提升 LTV 和降低 CAC 的最重要方法，就是改善 SaaS 的获客流程。

6.7　SaaS 的获客流程

通常意义上的销售流程无法满足 SaaS 的获客目的，所以 SaaS 需要专门设计的销售流程。

6.7.1　重新定义 SaaS 的获客流程

SaaS 的获客过程可以看作专用于 SaaS 的销售过程，为了便于理解，我们仍然使用销售流程一词指代 SaaS 的获客流程。

每到季末、年末销售总结时，我们常常发现多半 SaaS 销售人员都不能达成业绩目标，主要表现在签单数少和客单价低。那么，是销售员的工作能力不行？销售领导的管理能力太差？还是 CSM 的服务做得不好？抑或是客户本身有问题？

我们在做了大量的调查和访谈后发现，销售业绩不达标的根本原因是缺少一个合适的销售流程，帮助销售员提高销售效率和签约质量。我在做 SaaS 销售培训之前，都会问销售员两个问题：你们公司的销售流程是怎样的？你认为公司的销售流程是否对销售工作有所帮助？大部分人的回答如出一辙："我们公司销售流程形同虚设，仅仅是因为销售管理人员要求销售规范化和统计数据，所以才设立销售流程。"

其实在 SaaS 销售领域一直就有一个悖论：一方面，每家公司都在宣扬自己的销售流程有多么规范；另一方面，销售人员都会告诉你，销售无定式，随机应变才是常态，至于获客质量，流程中根本就没有考核，签约才是目的。

SaaS 公司销售流程的问题由来已久，主要有以下三个原因。

1. 客户采购方式问题

企业客户的选型和采购方式还停留在早期 IT 时代，而软件的评估标准并不适合 SaaS，客户按照软件采购方式选择 SaaS 服务，导致了销售周期过长和销售效率低下。这在某种程度上抑制了 SaaS 销售流程的发展和应用。

2. SaaS 销售竞争还没到白热化程度

竞争才是销售存在的意义，而竞争的激烈程度决定了销售流程的进化速度，有些 SaaS 公司因为靠着软件销售方法也还能应付过去，所以销售流程的进化意愿不强。

3. 销售流程不落地和不被销售员认可

很多 SaaS 公司都尝试过优化销售流程，后来又半途而废。其中的原因有很多，但根本问题是销售流程不落地和不实用，导致销售人员认为有没有销售流程不重要，还是"乱拳打死老师傅"来得实在。

上述三个原因导致 SaaS 领域的销售过程大部分是混乱和没有章法的。经过与相关销售领域的横向对比表明，SaaS 销售的成单率非常不稳定，无论是从销售员个人还是公司角度看都是如此。在系统集成或软件公司，通常销售业绩符合二八原则，而在 SaaS 公司基本是凭运气，这个月的销售冠军在下个月有可能业绩挂零。

一些 SaaS 公司的销售额增长很多还是靠人海战术。这样做最大的问题是，获客质量低导致 LTV 增长缓慢，而粗放型获客流程，导致了 CAC 和 CRC 的增加，LTV 和 CAC 趋势的背离越来越大。除了依靠持续融资维持生存，别无他法。这一切问题背后的根源是 SaaS 销售流程的问题。

传统的销售流程定义是"目标客户产生销售机会，销售人员针对销售机会开展销售活动并产生结果的过程"，这基本就是一句正确的废话，所以我们需要重新定义 SaaS 销售流程。

所谓 SaaS 的销售流程，就是以客户价值为基础，不断优化的获客最佳实践；其对于 SaaS 所起的作用，就是提高客户终身价值和有效降低获客成本。

6.7.2　SaaS 的专有销售流程

大部分 SaaS 公司都有销售流程，而且很多公司的销售流程做得还相当细致，那么为什么还有很多销售员不用呢？销售流程不落地只是一方面原因，更重要的原因是这些销售流程不适合销售 SaaS，而是其他产品的销售流程。

用错销售流程的后果不但是丢单，也无法解决 SaaS 销售所要求的效率问题，这就是销售员不用销售流程的原因。要想让销售员使用公司的销售流程，就必须针对 SaaS 获客的特点和销售的目的，设计专用的 SaaS 销售流程。

通用销售流程是以成交为目的的，而 SaaS 的销售流程是为了获取客户终身价值。显然，通用的销售流程与 SaaS 销售流程在目标上存在冲突。如果 SaaS 公司采用通用的销售流程，则只要成交，销售员就能获得销售提成，但这并不能保证客户 LTV 满足公司的盈利要求。在这种情况下，很难同时兼顾销售员的利益和公司利益，所以 SaaS 获客需要专门设计销售流程。

除了缺少专用销售流程外，SaaS 公司在销售流程方面常犯的另一个错误是在公司发展的不同阶段，使用相同的销售策略，导致的结果是销售异常艰难，CAC 居高不下，甚至是越来越高。

实际上，一家 SaaS 公司的业务从开始到平稳的不同阶段，需要不同的销售策略。

1. 初期获客策略

这个阶段的获客方式要适应公司的阶段目标，即公司的首要任务是匹配和满足企业需求，其次才是订单。因为初期产品与用户需求可能存在不匹配的问题，如果把追求订单放在首位，会导致切入目标市场困难，除了增加 CAC，也不利于产品的迭代和改善。

这个阶段还有一个目标客户选择的问题，一般销售观点认为应该优先选择容易做的小客户，先拿几个单子养活公司。其实，这个阶段 SaaS 创业的主要目标是验证产品与市场的匹配度,选择行业内的大公司作为现阶段的目标客户更合适。因此,这个阶段的销售流程,应以达成和大公司的合作为目标。

2. 中期获客策略

这个阶段的获客方式不再是需求匹配,而是订单实现了。这是目前大部分 SaaS 公司的销售常态,因为有订单,公司才能活下来。销售流程从这个阶段开始进化,即销售流程的设计以提高销售效率为目标。这是 SaaS 销售流程与软件销售流程最大的差异,SaaS 创业公司最容易落入的误区也就在于此。如果采用软件销售流程,容易将 SaaS 销售变成大项目销售,动辄数月乃至一年的销售周期,对于 SaaS 初创公司来说根本承受不了。

3. 长期获客策略

在这个阶段,获客流程的重心不再是单纯追求订单,而是高质量地完成订单。这个阶段的销售流程是以创造高质量客户、提升 LTV 为目标。这个阶段销售流程的特点是将服务前移,使销售流程通过交付流程与服务流程紧密衔接在一起。

总结一下,SaaS 公司各个阶段的目标不同,销售流程中的考核与激励方式也不同。此外,所需人员、工具和方法也不相同,不能从头到尾用同一套"打法"。

一个好的销售流程是 SaaS 公司重要的资产,也是 LTV 的生命线。针对 SaaS 公司发展的每个阶段,开发合适的销售流程,对于有效获客、销售培训和降低 CAC,都是必不可少的。

6.7.3 SaaS 销售流程设计

我在做销售培训的过程中，看到过很多 SaaS 公司的销售流程，它们大体上都是类似的，甚至是相同的，比如：获取线索→商机转化→阶段推进→签订合同。这些销售流程看起来也没有什么不对，只是感觉有没有销售流程，对于公司和销售员来说都差不多。这类销售流程的主要问题出在以下几个方面。

- 只有一级流程而没有细化的子流程，所以销售阶段划分太粗糙，没有起到应有的作用。
- 销售流程过于通用，没有体现出不同目标客户、不同发展阶段和不同产品的差异性。
- 销售流程的设计完全是从卖方角度，而非买方角度，导致销售遇到的实际情况与预想的不同，只能被动响应。
- 对达成销售目标缺乏可预测性。
- 对于赢单和提升销售效率，没有发挥实质性作用。

成功的销售者都懂得一个道理：销售的成功不在于你怎么卖，而在于客户怎么买。好的销售流程必须站在客户的角度，针对企业客户采购者的特点，以客户为中心设计销售流程。要做到这点，首先必须洞悉客户的采购旅程，然后采取相应的动作。

我们先看 SaaS 产品的客户采购旅程。

1. 发现问题

根据前面讲过的 SaaS 价值模型，客户在达成某个业务目标的过程中，遇到了难以解决的障碍或者问题。这个问题严重到足以影响绩效目标的达成，到了不得不解决的程度。这是客户采购的内部动因和旅程的开始。

2. 寻找解决方法

客户这时候开始思考：这个问题有没有什么好的解决方法？其他人有类似的问题吗？他们是怎么解决的？

3. 研究解决方案

客户通过网络等各种渠道，搜集多种解决方案，并开始研究每种解决方案，这是最可能发现你的 SaaS 解决方案的机会。

4. 寻求帮助和咨询

客户向多家 SaaS 服务商发送咨询邀请。

5. 效果评估

通过方案交流分析，客户评估每家 SaaS 服务商的解决方案，形成心理排名。

6. 选择合作

客户与 SaaS 服务商形成合作意向。

7. 预算范围

SaaS 服务商报出的预算在客户可接受的范围内。

8. 问题解决

双方签约并实施解决方案，评价实施效果。

9. 达成目标绩效

影响目标达成的障碍解决了吗？这是采购正确性的唯一评判标准，也决定了客户是否会续约。

需要注意的是，实际的客户采购旅程不一定严格按照上述步骤开展，可能跳过中间的步骤，或者在某几个步骤之间来回往复，但这并不影响销售流程的设计。

有了潜在客户的采购旅程，销售流程就容易设计出来了。一个 SaaS 销售流程要想做到既对销售员有所帮助，又有益于公司，需要做到以下几点。

- 了解销售周期有多长。SaaS 是一个讲求效率的业务，销售周期的长短决定了获取新客户需要付出多少成本。只有尽快完成从初次接触到完成付费的过程，才能满足对销售效率的要求。
- 为计算客户获取成本奠定基础，确保从当前客户身上赚到的钱，多于用于吸引新客户投入的成本。
- 发现那些限制销售的隐形障碍。如果某些因素会影响销售，必须马上确定问题，等到公司投入资金、人力和物力之后再去解决就已经迟了。
- 预计销售流程每个环节需要花费的时间，按顺序排列各环节，确定哪些环节可以并行。

❏ 明确销售流程有哪些投入和产出。这一步可以确保及时发现销售流程中潜在的陷阱，避免消耗过多的获客成本。

销售流程的设计关键在于抓住"三对应"，即销售过程中的时间节点对应、内容对应和角色对应，整个流程就会产生效益。我们将在后面关于销售的章节中详细展开三对应原则。

6.7.4 让销售流程产生效益

1. 降低 CAC

所有 SaaS 公司都想降低 CAC，但是苦于没有抓手，各种尝试都未能达成目标。其实，降低 CAC 的大部分要素都包含在销售流程之中。运用数据分析的方法，拆解销售流程每一个环节，就能看清哪些步骤是必要的，哪些是产生成本的多余动作。

2. 提高销售效率

传统的 IT 销售流程是被动响应式，即完全随客户的采购旅程而动。被动式销售流程没有效率可言，销售员的大部分时间都耗费在迎合客户的慢节奏上。根据客户采购旅程开发的 SaaS 销售流程可以起到引领的作用，让客户的采购节奏按照卖方流程走，从而极大地提高销售效率。

3. 提高获客的质量

客户的终身价值其实在获客签约时就已经确定了，获客的质量决定了客户的质量，而高质量的客户将会产生更大的 LTV。一个好的 SaaS 销售流程不但能帮助销售达成更多交易，还能通过有效的客户质量评估机制，识别获客的质量。

4. 营销工具的作用

目前市面上的销售工具多如牛毛，如果只是就工具谈工具，也就丧失了工具的意义。只有通过分解销售流程各环节的动作，才能确定哪些地方需要使用相应的工具。合理使用工具，能够产生销售组织决策所需的数据。

5. 培训、优化和复制

在没有建立或者没有稳定的销售流程之前，不应大量招聘销售人员。如果没有一个规范有效的流程作为保障，销售很容易陷入混乱，人员更替的隐性成本也非常高，除了降低销售效率以外，还会迅速推高 CAC。只有在销售流程经过优化达到稳定之后，SaaS 获客的成功方法才可以复制。

6.8 渠道获客

对于 SaaS 是直销好还是通过渠道伙伴销售好，并没有一个明确的定论。如果单从 SaaS 收入模式的角度看，应该是直销更好。因为直销过程可由 SaaS 公司自己掌控，对于客户质量的管控和成交后的服务更有利。相反，渠道的获客质量、服务能力和服务投入通常很难保障。更关键的是，渠道会分走很大一部分利润。

但是，SaaS 直销有两个缺陷：①在几种销售模式中，直销的 CAC 最高，因为销售员的所有成本都由公司承担；②直销的覆盖范围非常有限，限制了业务的扩张。为了解决这两个问题，SaaS 产品需要通过渠道伙伴进行销售。具体是采用直销还是渠道模式，可以参考以下三个原则。

1. 短期方案

短期是指从产品上市到得到市场验证的阶段。处于这个阶段的产品需要得到早期用户的反馈，用以进行产品迭代和改进。这种反馈只能通过销售过程获得，所以需要完全采用直销的方式，不能经过代理商来转达产品反馈。

2. 中期方案

中期是产品从得到验证到成为标准化产品的阶段。这个阶段具备通过渠道代理销售的条件，但是需要将直销和渠道进行分层，即直销团队主要负责高价值客户，渠道负责价值较低和地域分散的客户。

3. 长期方案

长期是产品从成熟到进入规模化发展的阶段。直销只负责头部的大客户和新进入行业的客户，其余客户由渠道商负责。

6.9 获客的质量管理

本书虽然用"销售流程"代替"SaaS 获客流程"，但是我们必须清楚，二者有着很大的区别。对于 SaaS 来说，获客不等于销售，所以我们给 SaaS 销售打上一个特有的标签：价值型获客，即价值贯穿整个销售过程。而价值型获客的结果可以用获客质量来衡量，这是与普通销售流程最大的差别。

一些 SaaS 公司的销售只注重签单率，忽视了获客的质量，从它们的销售流程中看不出任何对于获客质量的管理措施，这其实是一个非常大的经营漏洞。前面我们说过，获客质量决定了客户的终身价值。如果一次销售获取的客户质量较低，那么这次销售基本上就是一个亏本的交易。所以，获客的质量需要评估和管理。

需要注意的是，如果获客质量的评估方法和评估过程过于复杂，也会影响销售人员的利益和工作效率，所以评估的方法必须简单有效。比如，将所获客户的质量分为 A、B、C 三级：A 代表优质客户，即使不用关照也能留存；B 代表质量一般的客户，需要适当的引导和关照；而 C 代表劣质客户，这类客户需要提供特殊的关照和更多的服务才可能留住，它们在维持 LTV 的同时，也在消耗较高的服务成本，甚至会消耗研发成本。

此外，获客质量评级的标准必须简单且没有争议，这里以我服务过的一家 SaaS 公司的评级标准为例：评为 A 的标准是公司已有超过 5 家优质的同行业典型客户；而评为 C 的标准是公司没有服务过同行业的客户，或者公司产品与用户需求的偏差超过 30%。

综上所述，SaaS 的价值型获客需要有一套系统化的管理方法，获客流程才能产生实际效益。对获客的终极考量，是集获客的数量、质量和成本三位一体的评价方式。

6.10 SaaS 的销售组织

SaaS 公司需要建立怎样的销售组织？首先，根据公司不同发展阶段要求，分阶段逐步招聘销售人员；其次，根据销售流程配置相应的岗位角色。

6.10.1 按照销售流程组建销售团队

所谓按销售流程组建销售团队，就是先设计、后招聘。先聘用少量的必要岗位人员，保证最简销售流程能够运行起来。有了销售流程，照方抓药式的招聘营销和销售人员就容易多了，通过"流程+人员"的不断磨合，使销售团队后续的调整和招聘模式变得可复制。

国内有些 SaaS 公司采取与上述流程相反的做法：为了冲销售额招聘大量的营销和销售人员，当然其中也不乏优秀的专业销售。但是，每一家公司的产品、销售流程和销售方法都不一样，不同的销售人才的销售技能体现在不同领域。

在没有建立好销售流程之前，就将这些人员放在一个组织里，各自向着不同的方向发力，结果往往是销售额上去了，同时上去的还有 CAC 和 CRC，公司资金很快就会耗尽。

6.10.2 按照销售模式建立角色分工

从营销到销售，市面上有无数种方法和策略，SaaS 公司既不可能把每种方法都尝试一遍，也不可能永远只用其中的一种方法。营销界各种门派五花八门，单纯评价哪种营销方式好或不好没有意义。对于 SaaS 销售来说，能生成好线索的方法都是好方法。实际上，无论营销门派有多少种，按照线索的生成方式，基本方式就那么几样。

1. 集客营销

集客营销是一种一对多的营销方式，其营销思路是打造客户关心的专业内容，吸引客户购买。集客营销成功的关键是内容营销，这是一种充分利用互联网传播优势的低成本方法，自然所有 SaaS 公司都不会忽视。

2. 推播营销

推播营销是一种有针对性的一对一行动，先制作目标清单，然后通过打电话、发邮件等方式，与潜在客户获得预约并保持联络。尤其当目标客户是大公司时，集客营销的作用不大，而推播营销的效果就非常好。推播营销因为具有很高的投入产出比，所以也被称为小团队、大作为。

3. 播种营销

播种营销是一种多对多、基于口碑与关系的营销活动。对服务满意的客户会向其他客户做推荐，可以影响其他潜在客户，产生购买意向。

4. 内容营销

从本质上说，所有 SaaS 的营销都是内容营销，所以它不能算作一种单独的营销方式。只是对于不同时间、不同场景需要不同的内容,比如小到一封邮件,大到一个网站,都需要从内容出发开展营销。

从上述四种营销方式可以看出,SaaS 公司需要对营销和销售团队进行专业化分工:让客源拓展人员只负责拓展客源;让业务成交人员只负责成交。也许有人认为,让销售人员完成从拓客到成交全过程,这样效率会更高。其实只要看一下他们的销售漏斗就能发现,每一个线索都是不连续的,今天跟进的线索,可能是 3 个月之前开拓的;今天拓展的线索,也许要到 3 个月之后才需要跟进。这样不但降低了销售效率,成单概率也不大。

所以在 SaaS 销售领域,分工和专业化是必须的,它们代表了 SaaS 的不同销售方式。想必读者对 SaaS 的许多岗位名称都不陌生,如 SDR、AE、MDR 和 CSM 等,但不知道读者是否想过:为什么 SDR 不直接叫作电话营销? AE 为什么不叫销售人员?CSM 为什么不叫客服?答案是,这些名称的背后对应着 SaaS 不同的获客模式。

涉及 SaaS 整个获客过程中的主要角色有以下五个。

- ❑ MDR(Marketing Development Representative):负责集客客户开发的市场人员,对应的是集客营销方式。
- ❑ SDR(Sales Development Representative):负责外呼的客户开发人员,对应的是推播营销方式。
- ❑ CSM(Customer Success Manager):客户成功经理,本不属于营销序列,但是没有他们,播种营销方式就无法实现，所以这里把他们也归为营销序列。

- BDR（Business Development Representative）：渠道伙伴开发人员，他们接触的客户并非终端客户，而是渠道和伙伴计划。前面说到，当 SaaS 标准产品到达成熟阶段，为了降低 CAC 就需要有渠道的加入。
- AE（Account Executive）：负责执行销售过程，他们的工作以客户为中心，提供咨询、价值分析、专业建议、解决方案、服务协议、报价和移交等服务。

组建获客团队，不一定非要对应上述岗位名称，理解获客模式，抓住角色的核心工作就好，统筹分工考虑的销售组织结构框架如图 6-4 所示。

合作伙伴	BDR	销售经理	CSM
推播营销	SDR		
集客营销	MDR		
播种营销	CSM		

图 6-4　销售组织的获客分工

6.10.3　全能型销售团队

按照分工组建的销售组织，无论各岗位流程的配合多么紧密，在面对大客户销售时，还是可能出现纰漏。因此，很多公司组建了面向大客户的 KA 销售团队。但是，如果 KA 团队成员只是在销售方式上做了改变，比如从产品销售变成了顾问式销售，销售的丢单率仍然很高。因为 KA 也没有解决流程配合的问题。

为此，我们尝试组建了"全能型销售团队"，专门面向大客户和主要行业，并取得了非常好的效果。公司的灯塔客户几乎全部来自全能型销售团队。全能型销售团队的组成如图6-5所示，其中售前解决方案和销售经理两个角色最好是合二为一，这样一方面可以提高效率，另一方面是为了尝试在SaaS销售组织中，不专设售前人员，毕竟SaaS的销售过程要比软件销售过程简单得多。

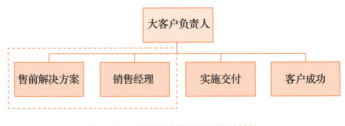

图6-5　全能型销售团队的组成结构

全能型销售团队成功的核心在于强化了售前解决方案和实施交付，使用了快速销售流程和深度价值表达工具。一个全能型销售团队并不需要很多成员，实际上三四个人就足够了。因为并不需要专门的MDR（但需要为MDR制作内容）和SDR，CSM也只是表明一个态度，并不需要在客户整个生命周期内真的投入一个高水平的CSM一直参与其中。

关于大客户的CSM，在这里多说一句。我们通常认为面向大客户的服务需要提供更高水平的CSM才行。实际上，客户规模越大，其IT部门的自服务能力就越强，所以并不需要CSM过多的参与（反而是那些小企业更需要CSM的引导）。

全能型销售团队的另一个重要作用就是输出更多深刻的行业知识和客户洞见，带动其他销售团队持续进步。

6.11　本章小结

本章阐述了 SaaS 获客的基本概念和业务逻辑，从获客的目标出发，分析了获客成本与收益的关系。基于价值型获客的理念，重新定义了 SaaS 的销售流程。并根据 SaaS 销售模式，讨论了 SaaS 销售组织的组建原则。

第7章 CHAPTER

SaaS 线索拓展

本章要点：

- 什么是 SaaS 的线索；
- 获取线索的三种模式；
- 线索的专业匹配过程；
- 打造高绩效的线索拓展团队。

成功的获客源于高质量的线索，而高质量的线索必须经过专业的匹配过程才能产生，而这一切都离不开一支高效的线索拓展团队。

本章以价值型获客理论为基础，主要讨论获取线索的三种主要形式和专业的线索匹配过程，还会讨论线索拓展团队的组建和评价考核机制。

7.1 什么是 SaaS 的线索

在传统的销售模式下，销售线索需要销售员自己去寻找。这个过程对于销售员来说，是一件既痛苦又伤自尊，还效率极低的工作。与之相比，SaaS 的线索获取方式有了非常大的变化。首先是分工的变化，即设置了专门的线索生成团队，如第 6 章提到的 SDR 和 MDR。其次是线索获取方式的改变，从搜集企业负责人信息、预约拜访的传统方式，变为通过互联网、社交媒体等多渠道，吸引有需求的潜在客户主动咨询而建立联系，就像此前介绍的 SaaS 销售组织结构那样，有详细的分工和流程。

在讨论线索拓展之前，我们需要先说明什么是 SaaS 的线索。我发现很多营销和销售人员，常常把潜在客户、线索和商机这几个概念混淆，导致获客逻辑混乱，浪费了大量的时间和精力，这三个概念的区别如下。

- 潜在客户：即具备采购可能性的客户，也称为潜在购买者，也就是有能力购买你的 SaaS 产品的客户。

- 线索：在 SaaS 价值模型中我们提到过，潜在客户在达成业务目标绩效方面可能存在障碍，而你的 SaaS 产品恰好能解决这些障碍，这就产生了一条线索。
- 商机：潜在客户的某一个角色，意识到目标达成障碍可能会对其绩效产生较大影响，也意识到你的 SaaS 产品可以帮助他解决存在的障碍，但目前还没有下定决心解决，这就是一条商机。

这三者之间的关系是，从潜在客户到线索的转换，是营销或销售人员能决定和促成的。而从线索到商机的转换，一定是客户决定的，而不是由销售人员决定的。SaaS 公司中总有一些销售员把线索，甚至是潜在客户当作商机，在那些看似"有戏"的潜在客户身上浪费太多时间和精力。这既耽误自己的业绩，也对公司的销售目标管理和预测产生误导。

线索和商机有时确实容易混淆，导致销售产生错误的动作。客户有问题，未必一定要解决，也未必是现在就要解决。只有客户想解决问题了，而且是对你的方案有兴趣了，这才算是一个商机，否则就还是一个线索。客户都有达成目标绩效的障碍，但是如果你不能解决这些障碍，那就连线索都不是。SaaS 公司对于线索和商机的判断，需要有清晰和可操作的标准。误判不但会影响线索团队与销售团队之间的信任，还会消耗获客资源。

只有找到了有质量的线索，才是销售流程的起点，表示一个销售过程真正开始了。在这个过程中，"找线索"不是重点，"匹配线索"才是。在互联网时代找到线索很容易，而获取有质量的线索，必须通过专业的匹配过程才能筛选出来。一旦匹配错误，会导致销售员白忙一场，即线索的生产出现了废品。

7.2 线索获取路径

所谓线索获取路径，就是获取线索信息的途径，也就是能接触到潜在客户的方法。建议 SaaS 公司根据自己目标客户群的特点，尽可能使用多路径方法的组合，而不是执着于自己最擅长的方法。前面已经讨论过获取销售线索的三种主要方式，即集客营销、推播营销、播种营销，还可能包括销售员的线下拓客方式，下面分别介绍各种线索获取路径的特点和用法。

1. 集客营销

用捕鱼来打比方，集客营销相当于先在一个选定池塘投放诱饵，然后把别处的鱼吸引或者赶到池塘里，最后下网捕鱼。对应到现实中，就是我们日常开展的那些活动，比如现场会议、在线活动、网络广告、博客和公众号等，都属于集客营销。

集客营销的优点是，通常能生成大量的线索；缺点是生成线索的质量低、转化率差。但只要抓住集客营销的核心，结果将大不一样。

集客营销高度依赖线索拓展团队的内容开发能力，也就是"鱼饵"的质量。一些公司，特别是大公司很容易高估其产品对受众的吸收力，认为它们的任何营销动作都能吸引众多潜在客户。然而事实并非如此，我们经常看到，一些 SaaS 公司无论是网络广告、发布会，甚至是官网内容都是各种高调和时髦的概念。这些内容其实是做给自己看的，而不是写给客户的。

没有内容开发能力就做集客营销，除了浪费钱，收获的也只能是大量高噪声的线索。如果放弃，觉得可惜，而筛选又是另一个巨大的投入。

2. 推播营销

我们还是拿捕鱼类比，推播营销相当于用鱼叉捕鱼，这是一个对技术要求更高的捕鱼方式。用什么样的鱼叉？向哪里投掷？要用多少投掷人员？这些都是开展推播营销需要考虑的问题。

如果操作得当，推播营销的作用也是巨大的：① SaaS 的线索开发不能都是集客营销那样守株待兔的方式。尽管有客户主动打电话给你这件事很美妙，但在同一时间，他们也会打给你的竞争对手。明白了这一点，你就必须主动出击，也就是采取推播营销方式；②集客营销对于大企业客户基本没用，而公司又需要有大业务作支撑，这时你就必须使用指向大客户的推播营销；③推播营销可以实现很高的性价比，即小团队、大作为——使用少量训练有素的 SDR，配合有针对性的高质量内容，就可能获得大量优质线索。

总结一下 SaaS 公司在做推播营销时容易犯的错误：①没有选择目标潜在客户，相当于见着水就投掷鱼叉，比如漫无目的地打电话、发邮件、发微信；②招聘一些电话销售员甚至是实习生做推播营销，相当于雇佣了捕鱼新手。这不但不能降低人工成本，投资回报比也更低，甚至还可能影响公司的声誉；③推播营销也需要高质量的内容，但是不用像集客营销那样做很多种内容，只要突出你的价值主张就有效，就是对某种鱼，需要准备专门的诱饵。很多 SaaS 公司的价值主张模糊不清，潜在客户也看不明白你是做什么的，有的推播营销直接就说自己的产品功能，就像好不容易找到的大鱼，却投放错误的鱼饵，反而会把鱼吓跑。

3. 播种营销

前面已经介绍过，播种营销是一种多对多、基于口碑与关系的营销方式。因为对产品满意的客户会向其他客户推荐你的产品，进而影响其他潜在客户，比如我们常说的客户转介绍，就属于播种营销。实际上，宽泛地讲，为了帮助他人取得成功所做的一切努力，都是在"播种"，包括员工、合作伙伴、投资人和客户。播种营销在 ToB 领域的成功机会，要比 ToC 领域大得多，因为 ToC 消费领域的信任推荐关系已经被消耗殆尽，而 ToB 领域的这种关系还没有被充分开发和利用。目前在 SaaS 领域的播种营销，很大程度上并不依赖线索开发团队，而是依赖客户成功团队的服务能力和水平，因为推荐和转介绍等用户行为大多发生在服务使用之后。

播种营销的一个成功应用示例是与灯塔客户的合作，所谓灯塔客户就是行业内有影响力的企业。利用灯塔客户做播种营销，获得优质客户并不需要花费太大力气。这就是我建议在 SaaS 公司发展初期，就选定行业典型大企业为目标客户的原因。我们自己的经验也表明，前 20～30 家行业典型客户，基本都是来自最初的 3～5 家灯塔客户。

播种营销的特点是客户成交速度快，且成功的概率大，甚至获客过程都不经过线索阶段，而是直接到了商机阶段的后期。播种营销就像它的名字一样，播下成功的种子就能有收获。

4. 销售自拓展

通常线索拓展团队运作初期的效率不高，无法满足销售团队的需求，此时有效线索的供给与需求存在较大的矛盾。在这种情况下，销售员就会自行开发线索。因为在传统的销售培训中，包含了如何寻找线索，所以销售员自拓展线索，也算是学有所用。但这并不是长久之计，除了不符合 SaaS 的获客流程外，销售员既要找线索，又要做销售，对销售效率会产生很大的影响。

出现这种情况，需要反思公司在获客设计方面的问题。有可能是没有意识到专业线索开发的必要性和重要性，多数情况下是为了提高公司的销售目标，销售员招多了，导致线索的供需失衡。

合理使用和组合线索路径，是提高线索生成效率的有效方法。

7.3　线索匹配

向销售团队提供高质量的线索，是线索开发团队的责任。从新线索到高质量线索的进化,需要经过专业的匹配过程。

7.3.1 客户定位

设计出接触潜在客户的有效路径和关键方法,并不等于就能自动获取有用的线索。在正式启用这些方法之前,需要先做目标客户的定位。还是以捕鱼为例,目标客户定位的目的是找到什么地方适合打鱼,即首先做一个水域细分,找到属于自己的水域,然后才能在这片水域里找到属于自己的鱼。

市场营销人员常犯的一个错误,就是认为哪里都有鱼,只要四处撒网就能捕到更多的鱼。首先,你的 SaaS 产品不可能适用于所有的客户;其次,即使你的 SaaS 产品是一个"普适"的服务,因为客户形态千差万别,价值认知也相差很大,所以"普适"的 SaaS 产品同样需要定位目标客户。由此可见,如果没有定位目标客户,使用任何获客方法都是在打乱仗。

实际上,大部分 SaaS 产品都存在有效市场边界,即每个 SaaS 产品都有自己适用的行业、业务和需求特性。超越有效市场边界的客户合作,对于传统软件业务没有问题,但对于 SaaS 产品来说,基本上就是赔本的生意。

定位目标客户其实并不复杂,但需要遵循细分的原则。我们可以分别从三个维度对定位做进一步的细分。第一个细分维度是行业,也就是覆盖面的契合。虽然同行业客户的业务、问题、需求、流程基本相似,但是行业仍需要进一步细分,直到与 SaaS 业务边界契合为止。第二个细分维度是业务,也就是业务线上的契合。制约客户达成目标绩效的障碍，一定是存在于具体业务中，比如你的 SaaS 是电子签章，那么只能是与交易有关的业务，你需要定位到与这个业务相关的潜在客户群体。第三个维度是关键需求，也就是关键点上的契合。关键需求对应客户那些难以忍受的障碍、非解决不可的问题。

我们用行业、业务、关键需求三个维度，定位了潜在目标客户所在的领域。这时再配合线索的集客营销、推播营销和播种营销等手段，就构成了 SaaS 公司的线索生成体系。这相当于找到了适合自己捕鱼的水域，看到了那些属于你的鱼群。无论你是撒网，还是用鱼叉，成功捕获鱼的概率都很大。

目标客户定位越精准，客户的相似度就越高，线索的转化也就越容易，不但获取的线索质量高，所花的成本和精力也大幅度减少。

7.3.2 画像匹配

虽然线索获取手段越多样，客户定位领域越准确，短期内就可能会获得大量的线索，但是严格来说，这些还不能算作真正的线索，充其量只能算是信息。因为它们的质量可能还达不到转化的要求，还需要对其进行整理、剔除等清洗处理，剩下的才能作为真正的线索使用。

这个阶段使线索开发团队很纠结：如果不做线索清洗，给到销售的线索数量虽然足够，但是质量无法保障，不靠谱的线索会让销售付出无谓的时间成本；如果剔除不合格的线索，线索质量虽有保证了，但是数量肯定大减，工作的业绩又受影响。这其实是一个合格线索标准的问题，即根据什么标准判别一个线索是否合格。

在第 5 章我们讲到了目标客户画像的概念，即一个目标客户可以用多个维度主题来刻画，比如价值、绩效、功能、决策、采购等，每个主题下面又包含多个属性。因为目标客户画像正是 SaaS 产品策划时的客户抽象，所以目标客户画像可以作为一个比对标尺，用来筛选和匹配初期线索中的客户。

我看到过很多 SaaS 公司的线索管理都有"打分"这一环节，还有的公司对 SDR 的考核也是用分数达标线索数量来考量的。这种打分的方式看似是精准量化的，但打分结果很少能被销售员接受，SDR 内部对此也有争议。这并非是线索质量的量化思路有问题，而是这件事的顺序弄反了。打分是凭 SDR 和 MDR 的主观意识，要么打分标准太粗浅，要么缺乏核心价值点和关键属性。合理的做法是根据目标客户的画像模型，按照线索与客户画像模型的符合程度进行量化，从而筛选出符合画像的线索，筛选的效率取决于科学地断、舍、离。

最后说一下对于行业大客户的线索筛选。潜在行业大客户的画像很容易识别，根据规模和行业两个特征即可。如果你的公司已经建立了前面提到的全能型销售团队或者 KA 团队，这类线索不用仔细评估，判断一下线索状态，直接交给他们就好了。现阶段效率是第一要素，因为大客户不会只联系你一家公司。

7.3.3 判断状态

通过目标客户的定位和目标客户画像的匹配,线索拓展团队可以筛选出符合标准的线索。但是这还不够,因为一个合格的线索,还需要有一个可以转化的条件,即线索当前所处的状态。

从 SaaS 客户采购旅程中的线索部分,我们可以识别并归纳出一个线索的三个状态,区分线索状态的目的是根据不同的状态对应不同的获取策略。

1. 客户问题隐性阶段

对于潜在客户来说,在这个阶段的问题或障碍还是一个隐性的问题,潜在客户没有意识到这个问题的存在,或者不认为是一个问题。但问题是客观的,无论客户是否意识到,它就在那里,所谓问题即线索。

现在的问题是,因为客户未意识到有问题,所以目前不会购买 SaaS 服务。对于 SaaS 销售来说,客户没有意识到有问题与没有问题是一样的,但是对于 SaaS 的线索拓展来说,能不能让客户意识到他看不到的问题至关重要,这既关系到买不买,也关系到买谁的问题。

隐形线索虽然处于线索的早期阶段,但早有早的好处,SaaS 可以先入为主、占领先机。在这个阶段,集客营销和播种营销可以起到很好的作用。潜在客户通过浏览专业文章、参加会议、与同行交流等机会,有可能发现自己的问题。MDR 可以等到有客户主动咨询,辅以对应的内容,一个线索的雏形就形成了。在隐性线索阶段最好不要让 SDR 介入，因为没有弄清问题也就没有解决方案。

2. 客户问题显性阶段

所谓显性问题，就是客户已经觉察到存在的问题，切身感到完成业绩目标遇到了障碍。现在的问题变成了：潜在客户虽然感受到了问题的存在，但是并不急于解决，或者根本没有打算解决，就是还能将就下去。

潜在客户要什么时候解决问题呢？答案是到了忍不下去的程度，或者问题直接爆发造成损失的时候。这让我想起亲身经历过的一个案例，我在一个咨询项目中做流程梳理时发现，这家客户的采购管理和管控非常薄弱，虽然每年外部采购量巨大，但没有什么流程可言。于是我把采购管理流程提到一个较高的层级，但因为种种原因，采购流程被不断后推，变成了二期实施范围。然而，二期项目还没开始，甲方领导直接找到我，要求先上采购流程。原来就在这个期间，一个大项目采购出了严重的问题。

线索显性阶段对应客户采购旅程的早期，客户一边观望、一边在寻找解决方法。在这个阶段线索开发团队可以通过四种线索路径，利用内容营销方法把潜在客户的显性问题"放大"。不过千万不要误会，放大并不是要把问题和障碍本身放大，而是把问题带来的影响放大，引起客户足够的重视，比如影响到业绩、升职、提成，甚至是饭碗。把一个不太重视的问题变成亟须解决的问题，即变成一个真实的线索，这就回答了"客户为什么要买？"和"客户为什么现在买？"两个问题。

3. 线索成型阶段

只要潜在客户确认了自己存在的问题，也打算着手解决问题，线索就已成型了。不过这时还有一个关键问题需要解决，即虽然客户也在寻求解决方案，但是如果对你的解决方案不了解或者不感兴趣，这个线索就无法转化。也就是说，还需要解决"为什么要买你的 SaaS？"这个问题。

成型线索的背景比较复杂，潜在客户可能刚开始选型，如果你是领域中知名的服务商，就会收到邀约。但如果你的公司不知名，这个线索的发现就不是现在，而是在之前的某次机会产生的。还有一种可能是采购已经开始了一段时间，客户需要货比三家，你只是作为潜在服务商之一被邀约的。无论是哪一种情况，线索拓展团队要做的都不是直接把这个线索给到销售，让销售去拼价格或者陪标。市场营销部门还有一个重要的工作没有完成：证明自己是最合适的服务商，而最有力的证明方式就是灯塔客户的成功案例。

可能线索开发团队认为，这个线索已经匹配成功了，就应该直接进入商机阶段。这是线索拓展的一个误区，只要潜在客户对你的公司没兴趣，哪怕到了签约前的阶段，对于你来说，就还是属于线索阶段。可以设想一下，如果线索团队就这样简单地传递信息给销售，销售自己就能搞定客户，那样线索团队还有什么存在的意义？

总结一下，线索拓展不是简单地做个"二传手"，而是通过线索拓展团队专业化的匹配和筛选过程，把一个转化概率更高的线索交到销售手中。

7.4 打造高绩效的线索拓展团队

线索拓展团队的组建方式、工作模式和绩效标准决定了线索的生产效率和质量。

7.4.1 怎样组建线索拓展团队

SaaS获客的特点是将线索拓展从销售体系分离出来，这对于SaaS的价值型获客是非常必要的。SaaS价值型获客的核心就是提炼价值和传递价值。以前这两件事都由销售人员完成，这显然是不合适的，非价值型获客的结果只能是效率低和质量差。

也许这样讲很多销售会不服气。原来没有线索拓展团队，销售不是照样有单子吗？实际上，销售没有看到的是，因为前面缺少了价值的铺垫和引导，导致大部分潜在客户没有进入销售漏斗。或者说，那些可能属于你的鱼，都游向了别处，而你并不知道。

现实中我们也经常看到，一些公司虽然在组织形式上将线索拓展业务分离出来，但是对他们的目标和定位并不明确，有的公司还给他们定了销售任务，团队负责人的汇报对象往往是市场部负责人，还有的是销售部负责人。如果他们没有经过系统的培训，也没有统一的方法论，那么线索拓展的实际效果与预想的结果就会大相径庭。很多线索拓展团队最后成了信息的二传手，其工作输出既得不到外部市场的认可，也得不到内部销售的认同，这样组建的线索拓展团队最后大概率会失败。

出现这种情况的原因，主要是公司对价值获客没有给予真正的重视，所谓重视是从招聘和选人开始的。实际上，SaaS 领域的线索拓展是一个要求很高的专业化工作，而不是市场部的一个分支，更不是销售部门外派的信息员。组建线索拓展团队，既不能随便从市场部抽调几个人，也不是高薪从外部挖来市场高手。

快速组建线索拓展团队的方法，是从招聘一位有经验的团队负责人开始。至于如何做出线索拓展团队负责人的画像以及如何面试招聘，这里不便展开来谈。但本章所讨论的关于线索拓展的主题可以用于候选人画像，也可以作为了解候选人实力的问题，比如将价值获客理念、线索获取主要方法、线索匹配等主题，组合成一个招聘面试的问题考察点，这样很容易就能判断候选人与岗位能力要求是否匹配。强调候选人的经验与公司获客策略相匹配的目的，是利用负责人的经验来验证和调整公司的获客流程，而不是找一个人来研究新的线索获取方法。

7.4.2　怎样有效拓展线索

我们都希望自己的 SaaS 产品也能产生消费互联网那样的网络效应，这虽然有难度，但也并非完全不可能。要实现网络效应，显然不能靠人工和会议等推广手段，必须依靠有效的内容工具。最常见的内容工具包括网站、白皮书、成功客户案例、网络广告等。

在很多 SaaS 公司，这些内容工具是市场部负责的，所以很多 SaaS 公司的网站要么过于花哨，要么就是满眼时髦的 IT 名词，而成功客户案例也是干巴巴的那么几个常年不换的客户。这些形式化的工具对线索拓展的帮助不大，但这并不是市场部的责任，因为当初内容工具的设计目标本来就不是获客。

现在需要换一个思路，即所有内容工具的开发和使用都归属于线索拓展团队，或者由线索拓展团队主导。线索拓展变成一个业务部门，而市场部不再负责实际的获客活动，变成一个品牌部门。这样能避免很多问题，如果输出的线索质量不高，就只能在线索拓展团队内部找问题，而不能再说是市场部内容工具的问题了。分清责任就能设定绩效目标和考核标准，而一个明确的目标和考核标准就是生产高质量线索的重要保障。

7.4.3 线索拓展的绩效考量

对于线索拓展团队的绩效考核，一直是一个难以量化的难题。如果按照线索数量考量，显然水分太大，于是就有了给线索质量打分的做法，即达到某一分值的线索才能计入绩效。

实际上，线索的分数并不能准确反映线索的质量。因为线索的价值并不取决于线索的真实性，而取决于客户的厂商倾向。也就是说，虽然客户要采购 SaaS 产品，但是只要客户对你的 SaaS 产品没有兴趣，那么这个线索对于公司的价值就接近于 0，转化为商机只能徒增销售的工作量和成本，还没有多大的成交可能。出现这种情况，只能说明提升价值的动作要么还没有做，要么是做了没效果，即线索拓展团队的任务并没有全部完成。如果线索拓展绩效考核只是给线索打个分，这个团队就没有存在的价值。所以，用线索打分的方法统计业绩并不公平。

将线索拓展团队独立出来之后，唯一的绩效考核标准就是该线索转入商机之后，最终有没有成交，除此之外没有其他条件。可能有人会质疑，如果单子丢掉是销售的问题呢？这种可能性当然有，但是对于一个流程来说，问题可能出在任何一个环节，而最终结果决定了所有流程环节的绩效。事实已经证明，也只有这样考核，才能使线索拓展团队与销售团队形成真正的合作。

7.5 本章小结

本章定义了 SaaS 线索，介绍了获取 SaaS 线索的三种方式，完整阐述了 SaaS 线索的专业化匹配过程。最后讨论了线索拓展团队的绩效考核标准以及组建一支高绩效的线索拓展团队的方法。

第 8 章 | CHAPTER

SaaS 的销售过程

本章要点：

- SaaS 销售的困境；
- SaaS 销售方法论；
- SaaS 的几种销售方式；
- 让 SaaS 销售系统化；
- 构建 SaaS 销售系统；
- 让销售系统发挥作用。

SaaS 销售过程是获客的核心内容，但 SaaS 的销售面临着三个影响个人和公司业绩的难题：成单率低、销售效率低和获客质量不高。为了有效解决这三个难题，需要重构 SaaS 的销售流程，实现 SaaS 销售系统化。

本章将以 SaaS 销售方法论为基础，构建 SaaS 的销售系统，特别是销售矩阵概念的提出和应用。能够使价值传递最大化，顺利解决 SaaS 销售面临的三大难题。

8.1 SaaS 销售的困境

在我原来服务过的一家 SaaS 公司，我观察到一个现象：销售人员来自很多行业，如广告、建材、教育、医疗、培训行业，也有 IT、软件和互联网行业。一般来说，从传统行业转做 SaaS 销售都会比较吃力，收入也偏低，这很容易理解。但问题是，来自 IT 和互联网行业的销售，做 SaaS 销售同样有些力不从心，甚至付出比原来更多的努力，收入却很难令他们满意。在 SaaS 领域这似乎是一个比较普遍的问题，所以我们才会看到，SaaS 销售人员的流动率要比软件销售流动率更大。

SaaS 销售人员的收入基本上是"底薪 + 提成"，而提成取决于销售业绩。我们知道，SaaS 的收入模式与软件不同，即按年订阅收入模式，而不是按合同收入模式。当 SaaS 销售交易达成时，所获收入只是第一年的用户订阅费，而不是像软件销售那样为全部合同额。显然 SaaS 的年订阅费要比软件合同额少得多，统计下来大约相当软件合同额的 1/3 左右。若以此为销售提成基数，在提成比例不变的条件下,销售提成就低了很多。

为了达到软件销售收入水平,就需要提高销售提成的比例,但这又会增加公司的获客成本和降低利润,所以提高提成比例,也不是解决销售问题的根本办法。也有的公司会默许销售签订多年订阅服务合同,并要求客户支付全部合同额。这虽然可以在一定程度上增加销售的提成收入,但是公司却为此承担预支的财务风险。因为未来的服务还没有发生,甚至客户可能退货,所以客户预付的订阅费只能算作递延收入,不适合算入销售人员的提成。

从公司角度看 SaaS 销售,成交不再是销售人员的终极目标,获取有持续贡献能力的高质量客户才是销售业务的重心。如果增加这一销售要求,SaaS 的成交就更加困难了,这将更加影响销售人员的收入。

这种在销售人员和公司之间的利益失衡,正在困扰着很多 SaaS 公司,或者说根本就找不到一个平衡点。那么,为什么国外的 SaaS 销售不存在这样的问题呢?对比的结果主要体现在两个方面:一是客单价高,二是销售效率高。

因为价值认知等多种原因,国内企业客户不愿意支付较高的 SaaS 订阅费,所以提高客单价会使 SaaS 销售变得更加困难,这样就只剩下提高销售效率这一条路可走。国内大部分 SaaS 销售还是沿用软件模式,显然,用软件销售模式很难达到 SaaS 销售的效率要求。要想从根本上解决 SaaS 销售效率问题,就必须重新定义 SaaS 销售方法论。

8.2 SaaS 销售需要方法论

销售方法论是一个销售组织的立身之本，而 SaaS 销售更需要专门的销售方法论。

8.2.1 销售方法论的必要性

SaaS 销售遇到的问题，在很大程度上与销售方法论有关。虽然很多 SaaS 公司也在研究各种"打法"，但是想系统地解决销售问题，靠一些小技巧是不行的。很多 SaaS 公司的销售部门已经意识到方法论的问题，也在寻找解决方案，比如参加各种培训。但有些受过培训的销售人员，销售水平不但没有提高，销售速度反而更慢了。究其原因，市面上很多培训传授的方法并不适合 SaaS 销售领域。这些培训都是面向大客户的成交技巧和交易流程，并不能解决 SaaS 销售需要解决的效率问题。这样训练出来的销售员，在 SaaS 销售领域缺乏竞争优势，输多赢少，一年也做不了几单，无论对公司还是对个人都达不到绩效要求。所以，要解决 SaaS 销售问题，必须建立 SaaS 的销售方法论。

传统的销售方法论主要解决的是销售的效能问题，也就是如何提高销售的投入产出比，这也是传统销售方法论的唯一目的。当然，效能对所有业务的销售都是非常必要的，但是对于 SaaS 销售来说，提高效能并不是销售方法论的唯一目的。因为 SaaS 销售的产出与投入在时间点上并不是一一对应的，即产出有递延效应。这种递延收入模式既影响公司现金流，又影响销售人员收入的分配。所以，SaaS 的销售方法论还必须解决另一个核心问题,即销售效率。也就是说,效能加效率才是重新定义 SaaS 销售方法论的目的。

当然,除了效能和效率问题以外,SaaS 的销售组织还面临其他更具体的问题,解决这些问题同样需要 SaaS 销售方法论的支持。目前大部分 SaaS 公司亟待解决的有四个方面的问题。

1. 难以跨越的销售成长周期

SaaS 销售属于销售的一个新领域,销售人员的业务背景多种多样,如果缺乏一个落地的方法论作为指导,将导致销售人员从入门到成单,不但需要一个较长的成长周期,而且很多销售人员还没到具备独立成单能力的时候就流动走了。

公司看起来只是损失了销售人员的一点底薪,但只要仔细算一下,就会发现销售人员流失造成的损失其实是很大的。比如,在丢失客户身上投入的获客成本、重新招聘和培养成本,甚至有可能造成公司声誉的损失。两家存在竞争关系的 SaaS 公司,在销售层面最终比拼的还是谁拥有更多合格的销售人员。

2. 销售组织的业绩稳定性

没有销售方法论就只能靠个人经验和技巧,但是 SaaS 销售本身就没有多少成熟的经验,说白了就是撞大运,业绩就像过山车。我们经常看到,公司每换一批销售,就弄出一种不同风格的打法。把一个销售组织的成功建立在一些不靠谱的打法上,会导致销售组织的业绩不稳定和不可持续。

3. 销售经验的可复制性

我们常常看到一个现象：一家大公司普通销售员的业绩，比小公司销售精英的业绩要好。主要原因并不是大公司的产品或品牌的影响力，而是大公司拥有成熟和可复制的销售方法论。大多数 SaaS 创业公司的销售短板也是因为缺少销售方法论的支持，使得销售经验得不到积累和复制。

销售方法论如同一个容器，可以将好的销售经验和最佳实践收集起来，并不断加以优化，使其更容易被复制。一名销售入职的是一家有方法论的公司，还是凭个人自由发挥的公司，结局是完全不一样的。

4. 销售的管理

一提到销售管理，管理者和被管理者都有点儿头大。我们经常看到的管理场景是，买个 CRM，填写一大堆数据，然后销售该怎么干还是怎么干。其实这也不能怪销售管理者，因为他们也找不到管理的抓手。更不能怪销售人员，因为他们填不填那些数据，对于是否开单没有什么影响。

没有销售方法论，也就没有管理目标和管理要素，更没有管理的成果。

8.2.2 SaaS 销售方法论

如果销售方法论只是一套听起来合理的理论，销售人员可能不会去尝试，所以 SaaS 的销售方法论必须具体和可操作。SaaS

销售方法论所包含的内容和结构框架如图 8-1 所示。

图 8-1 SaaS 销售方法论的框架结构

1. 第一层：SaaS 价值获客逻辑

这一层是 SaaS 销售方法论最底层的商业逻辑，它清楚地表明了 SaaS 销售目的与其他业务的不同之处，即不只是为了签约，而是为了获取高质量的客户。如果不确立这个销售逻辑，整个 SaaS 商业模式就不成立，销售也将失去意义。

2. 第二层：SaaS 获客流程

基于价值获客逻辑设计的获客流程，必然与一般销售流程不同。一个不同的策略就是把线索的获取过程从销售过程中分离出来，既要保证目标客户的质量，又要确保销售的效率。获客流程由两个部分组成：获取线索的线索拓展流程和负责成交的销售流程。

3. 第三层：方法和策略

获客流程是根据策略设计的，策略是获客流程的指导方针，获客流程是策略的落地结果。研究销售不是研究流程，而是要从策略入手，这一点非常容易被忽视。比如我们经常研究的销售

"打法",既包含策略成分,又有流程成分,所以很难在销售组织中起效。

4. 第四层:技巧和工具

任何销售都是面向人的,销售技巧就是销售人员与客户之间的交互界面。不同行业需要的销售技巧也不一样,但销售技巧不能任意发挥,需要在整体方法论框架下运用才有效。

SaaS销售方法论的每个层面都需要工具的支持,因为工具不依赖于人,所以更容易优化和复制。实际上,所谓销售自动化,最后都体现在工具和数据上。

8.3 SaaS销售的几种方式

一家SaaS公司有什么样的方法论,决定了整个销售组织的能力和水平。SaaS公司的销售大体上可以分为四个层次:关系型销售、产品型销售、顾问式销售和价值型销售。

1. 关系型销售

一些来自其他行业的销售人员,因为不熟悉SaaS行业的销售方法,所以仍旧使用B2B销售常用的关系型销售方法。关系型销售本来就是一种成本极高的销售方式,它依靠给客户好处达成交易目的。关系型销售跑不出"羊毛出在羊身上"的逻辑,但问题在于SaaS销售的价格(即订阅费)本身就不高,产品又不可能随意涨价,所以能给客户的好处非常有限,很少有客户为了一点儿蝇头小利而影响自己的前程。

关系型销售最大的问题是，在大多数情况下会增加销售周期，相应地降低了销售效率。可以预见，SaaS 行业的关系型销售很快就会彻底退出销售舞台。

2. 产品型销售

一个销售人员如果进入一家不讲究方法论的 SaaS 公司，可能是一件很不幸的事情。因为这意味着他的销售之路充满未知和独自前行，能走多远全凭运气。这种公司实际上也不是没有销售方法论，只是方法论单薄了一些，也就是产品型销售方法。这类公司的入职上岗流程非常简单，只要培训完产品介绍，销售员就算出徒了。直到现在，产品型销售仍然是大多数 SaaS 公司主要的销售形式。老销售还能讲出一些 FAB（Feature，Advantage，Benefit）等话术，而大部分新销售就是直接亮产品。我们做过一个统计，首面就掏产品的销售，90% 以上没有进入第二轮的机会。

SaaS 的产品型销售越来越难做了，这主要是 SaaS 产品同质化所致。而同质化的结果使客户的选择余地变大，销售方像菜场里的菜，被挑来挑去。因为同质化，所有产品的功能看着都差不多，所以客户无须比较就能轻易做出选择。同质化的结果只能是价格战，销售唯一能做的就是向公司不断申请低价。这也没办法，因为你不降价，别人也会降，"质同价优"永远是采购方最好用的杀手锏。所谓质同价优的意思就是：都一样的东西，为什么不买便宜的呢？

实际上，对于产品型销售人员最大的打击，还不是签不了单，而是工作机会很容易被替代。不可否认，产品价值也是价值，但只要通过产品介绍或说明书就能卖出去的产品，销售人员的价值就不大。一方面，这种工作的可替代性很强；另一方面，如果客户从网上就能了解清楚，没有销售人员的打扰，客户的购买流程可能更顺畅。如果销售人员在这个过程中不能为客户增加价值，销售人员自身也就变成了公司的成本。所以，我们看到产品型销售人员的流动率是最高的。

无论用什么招式，产品型销售都跳不出功能价值的范围，从前面的价值公式可以看出，客户感知价值没有多大的提升空间。特别是互联网巨头的加入，"免费＋烧钱"的模式使同领域的SaaS公司很难生存。

可能有人会有疑问，一家产品型销售的SaaS公司，为什么不升级销售方法论，摆脱这种局面呢？其实，这种公司大多都有一个产品执念，它们总是认为自己的产品只要比竞争对手的产品好很多，销售问题自然就能解决。实际情况往往是，"好很多"一直也没有实现，而整个公司都被困在有限的产品功能价值中。

3. 顾问式销售

随着SaaS产品涵盖的业务越来越复杂，如果再依靠产品型销售就很难奏效了。这时，一些SaaS公司开始从软件公司引入所谓顾问式销售方法。事实也证明，SaaS的顾问式销售方式确实比产品型销售更有效，特别是面向大客户的销售，销售人员对学习顾问式销售也有了热情。慢慢地，SaaS公司也就有了销售方法论的雏形。实际上，很少有 SaaS 公司全部采用顾问式销售方法，还有一部分销售仍沿用产品型销售，或者二者兼而有之。

与产品型销售相比，顾问式销售在赢单上有明显的优势，这主要是因为它在软件领域的多年实践检验。顾问式销售具有以下显著特点。

- ❑ 顾问式销售强调的不是"卖"，而是和客户一起"买"。因为要解决的业务问题越来越复杂，客户也不知道应该怎么买，这就需要一个有经验的专业参谋帮助决策。
- ❑ 对于复杂型采购，客户的注意力不在产品本身，也就是客户并不关心产品有什么功能，客户更关注产品以外的价值。这时客户不会再拿几个产品比来比去，功能和价格不再是采购的决策要素。所选方案既能解决问题，又没有选型风险，是客户最为关注的，此时顾问的建议客户有可能会听进去。
- ❑ 顾问式销售利用了客户的采购旅程，将其作为销售流程的设计基础，这就比硬卖产品容易一些。客户怎么买，顾问就怎么卖，顺势而为，减小阻力。

很多销售人员的顾问式销售知识是通过大客户销售培训课程获得的。这种培训的优点是讲解全面，成体系，但软件销售思维很可能会误导 SaaS 销售。销售人员需要谨慎选择内容，必须把握 SaaS 的能力边界，也就是"度"的问题。

前面我们说过，大部分 SaaS 面向的是企业的焦点业务，即有一个清晰的业务边界。这样在销售过程中，就不能像软件需求调研那样任意扩大和发挥。比如使用像 SPIN 那样的工具，培训师会告诉你，痛苦才是客户采购的驱动力，所以你要挖掘客户痛点，并把它扩大，这样客户才可能买你的产品。这就很容易把顾问式销售引入陷阱，造成不可挽回的结果。如果挖到的痛点并不是你的 SaaS 产品能解决的，或者痛点被扩展得太大，超出了你的 SaaS 解决能力范围。对于定制化软件来说，这样做能增加收入的机会；而对于 SaaS 销售来说，直接就把单子做死了。

4. 价值型销售

顾问式销售是 ToB 销售领域一个重要的里程碑，它将销售向前推动了一大步。但随着企业客户价值经营理念的变化，顾问式销售的弱点也逐渐暴露出来。其最大的弱点是，虽然对已存在的企业问题能给出有针对性的解决方案，但是如何产生未来价值，却不是顾问式销售的强项。所以，价值型销售在 ToB 销售领域开始发挥作用。

虽然 ToB 销售界都认为价值型销售是目前销售的最高境界，靠价值赢单是一种成本最低，而成单率最高的销售方式，特别是对于 SaaS 销售，价值型销售模式更具有重要意义。但是"价值"究竟如何体现、落地，特别是如何被客户感知，却始终是一个销售难题。

价值型销售的核心是价值的创造与传递。从 SaaS 价值模型可以看出，客户购买 SaaS 产品是为了解决达成目标绩效过程中的障碍。对于客户来说，能实现绩效目标就是最大的价值。

如果说顾问式销售的价值由问题而产生，那么价值型销售的价值就是由绩效产生的。所以，从客户的绩效入手就能解决 SaaS 价值的产生、落地和被客户认知问题。

8.4 从一个销售案例谈起

这是一个真实的 SaaS 销售案例。一天，销售小王被分配了一条线索，客户画像信息清晰且完整。小王立刻联系了客户对接人，因为前面有线索拓展同事做好的铺垫，所以小王顺利地约定了拜访。

到了约定日期，小王到了客户公司才发现，除了小王公司外，客户还约了另外几家友商。交流开始后，小王把产品从头到尾细致地演示了一遍，回答了客户所提的几个问题，可以说过程相当顺利。最后客户说，下周会邀请更多业务层面的同事参加，麻烦他再来一趟，小王满口答应，打道回府。一周后小王如约又来到客户公司，这次参加的人数要比上次多得多。客户要求再演示一次产品，还要求小王提供最终报价。小王心想这单确定了，并回公司准备合同。

回去等了一周，还不见客户有签约的意思。小王给对接人打了电话，对接人抱歉地告诉小王：另外三家公司的报价，要比你给到的最低报价低太多，我们已经与报价最低的那家 SaaS 公司签约了。

小王究竟失误在哪里呢？

我想大多数销售都会说，小王输在了价格上，客户考虑价格因素，买了便宜的产品。其实这只是表象，真正的原因未必如此。首先我们不能怪客户贪便宜，"质同价优"是采购永远正确的选择。现在的问题是，"质"真的"同"吗？这个问题在产品层面上无解。

从价值层面考虑，SaaS 的价值可以表现在三个层面上：第一层是产品价值，这个最容易理解，但是也是最难差异化的；第二层是解决方案价值，也就是顾问式销售的交付物，它面向客户业务障碍，也是客户关注的重要内容；第三层是绩效价值，在 SaaS 价值模型中有说明，它是面向绩效目标的。

根据上述三个层面的 SaaS 价值分析，很容易看出小王的失误在哪里。

- ❏ 没有体现出与对手的有意义的差异化，对于解决方案价值和绩效价值这两个最能体现 SaaS 价值的重要维度，小王一个都没提。
- ❏ 小王的销售模式是简单的产品型销售，没有深入发掘客户的业务价值，更没有向客户传递这种价值，也就是客户的感知价值较低。
- ❏ 竞争对手的背后是一套基于方法论的销售系统，而小王只是靠个人总结的销售方法和技巧。显然，方法技巧难敌系统，小王丢单也在意料之中。

8.5 让 SaaS 销售系统化

从小王销售失败的案例，可以得出一个结论：靠零打碎敲和八仙过海的方式销售 SaaS，对于一个销售组织来说就是一场乱战。散兵游勇想变成销售正规军，就必须将各种套路统一在同一个销售方法论之下。

但是，方法论毕竟只是一个销售逻辑框架，对于销售人员来说，没有一定的领悟能力很难掌握和灵活运用。所以，需要将 SaaS 销售方法论落地为一个 SaaS 销售系统。

SaaS 销售系统的结构如图 8-2 所示。不难看出，SaaS 销售系统的结构与 SaaS 销售方法论是完全对应的，而且销售系统对方法论的每层目标都进行了设定和细化。

| 销售矩阵 / 工具与方法 |
| 实现路径 / 销售策略 |
| 效率保障 / 销售流程 |
| 价值驱动 / 价值获客逻辑 |

图 8-2　SaaS 销售系统的结构

1. 价值驱动

价值获客逻辑是整个销售系统的理论基础，即客户是因为价值而购买服务的。从线索拓展流程到销售流程的每一个步骤，都是围绕价值获客逻辑设计的。所有销售策略和销售工具的设计，也是以实现价值传递最大化为目标。

要达到价值获客的目的，必须找到和量化价值。在第4章中，我们将SaaS的价值量化为"帮助客户达成绩效目标"，即客户在达成其绩效目标过程中存在障碍，如果SaaS能够帮助客户克服障碍、实现绩效目标，价值就得以实现，合作就有可能达成，而且为价值合作的客户，其持续合作和续费的可能性更大。反之，如果在SaaS销售过程中，找不到客户的绩效目标或者找错了绩效目标，合作就会失败。

2. 效率保障

大部分SaaS公司的销售流程，采用的都是经典的阶段模型。虽然有的五阶段，有的八阶段，但本质上它们只是一般的销售过程描述，对于SaaS销售来说，并不是一个有效的销售流程。所谓有效的销售流程，必须同时解决两个关键问题：对于客户来说，销售流程实现价值的有效传递；对于销售组织来说，在价值驱动下的销售流程能帮助销售人员提高成单率和销售效率。

有的SaaS公司没有自己的销售流程，而是把客户的采购旅程当成自己的销售流程。顾问型销售就是这样一个套路，了解客户采购旅程的销售员俨然成了SaaS销售高手。其实，把客户采购旅程当作自己销售流程存在很大的问题，因为这个流程完全受控于客户的采购过程，无法解决SaaS销售效率的问题。这就是我们看到的，很多顾问式销售的业绩并没有比产品型销售好太多，根本原因就是销售效率低下。

那么，客户为什么一定要走那么复杂的采购旅程呢？答案是对于像软件那样复杂的采购，如果不通过复杂的评估流程，客户很可能会买到达不到要求的产品，也就是客户有"买错"的风险。因为 SaaS 是一个产品化的服务，验证是否符合采购目的，并不需要经过软件那么复杂的验证过程。所以，我们可以重新定义 SaaS 销售流程，按照验证目标将整个销售流程划分为简单的几个阶段，同样可以满足客户的验证目标，相应地也能有效提升 SaaS 销售效率。

3. 实现路径

在分析了很多 SaaS 销售案例后我们发现：如果整个销售过程只有签单一个目标，那么中间出现任何变数，都可能使销售夭折。所以，我们把 SaaS 的销售过程拆分为四个关键阶段，即按照阶段目标，将一个目标分成四个阶段性目标。这样就很容易控制销售过程，至于为什么是四个阶段，我们将在后面给出说明。

按照这个策略，通过定义每个阶段的小目标、客户角色以及对应的销售活动，使用不同的阶段工具，就能按照阶段目标逐个向前推进。

我们把这个策略应用于 SaaS 销售流程，可以大大降低 SaaS 销售的难度。除了提高成单率，它还能提高销售效率。

4. 复制成功

在早期的 SaaS 销售培训中，我们发现一个现象：虽然在培训时销售员都能系统掌握所学内容，但是在实战时经常漏掉某些步骤或发生误操作。为了解决这个问题，我们以一个销售矩阵为核心，将所有销售工具集成为一个系统化的工具包，包括销售矩阵、工具模板以及销售文件。

系统化的工具有效提升了销售员的业务水平，特别是对于销售新手的作用更加明显，实现了销售经验的成功复制。

8.6 构建 SaaS 销售系统

销售系统是销售组织的能力保障，两个销售组织之间的差距体现在销售系统的差距上。

我们将整个 SaaS 销售系统落地为一张销售矩阵图，并以此为核心实现系统化的工具集，如图 8-3 所示。

	第一阶段	第二阶段	第三阶段	第四阶段
阶段目标（O）	O1	O2	O3	O4
客户角色（R）	R1	R2	R2	R3
关键活动（A）	A1	A2	A3	A4
关键交流（M）		M1	M2	
正式陈述（P）		P1	P2	
方案演示（S）		S1	S2	
正式提案（D）			D	
工具表（T）	T1	T2	T3	T4

图 8-3　SaaS 销售矩阵

在 SaaS 销售矩阵中，按照阶段目标，整个销售过程被分为四个阶段，每个阶段中又包含三个关键驱动要素和若干个工具。

每个阶段都有不同的目标（Object）、不同的客户角色（Role）

和关键活动（Activity），这三个关键要素构成一个紧凑的闭环，即 ORA 闭环，如图 8-4 所示。它们驱动着销售过程从一个目标到下一个目标，直到最后赢单。

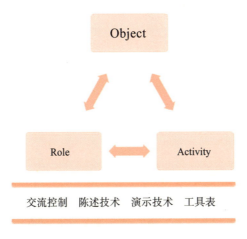

图 8-4　ORA 闭环

SaaS 销售矩阵构成销售系统的操作界面，它屏蔽了销售系统的复杂性。销售人员根据 SaaS 销售矩阵，以一个高度视角，通盘掌控销售过程。

通过销售矩阵与其他销售流程的对比可以看出，销售矩阵涵盖各种销售流程，甚至是客户的采购旅程。不同的是，与其他销售流程相比，利用销售矩阵的打单过程更加紧凑，因此压缩了销售周期，提高了每个阶段的销售效率。

如果你已经有了自己的 SaaS 销售流程，也可以将销售矩阵作为销售流程的顶层框架。原有的销售流程仍可以结合销售矩阵一起使用，这样可使整个销售流程变得更加紧凑，以达到高效传递价值的目的。

1. 阶段1：与真正负责决策的人交流

从拿到一个销售线索开始，销售人员就开启了销售之旅。即使你是一名新销售，也不需要像以前那样多次尝试邀约客户见面，担心客户会爱答不理，也不敢向客户提更多问题。现在的情况完全不同了，因为线索拓展团队已经替你处理好销售线索的前期工作。所以，你心里必须清楚：因为客户有需求，所以他们才会邀请你来，而不是你要去推销产品。实际上你已经处于一种较为主动的心理地位了，这种心态对于后面要展开的销售过程非常重要。

首次拜访客户的目的是什么呢？每次陪访我都会问销售人员这个问题。多数回答是：与客户建立关系、挖掘客户需求、找出决策链等等。这些回答都没错，但这些都不是此次拜访的目标，而是应该做的事情。请始终牢记我们的阶段目标，此次拜访的目标只有一个：争取到进入下一次交流的机会，与真正负责决策的人直接交流。

为什么一定要约见客户决策层成员呢？因为在大多数情况下，与你初次接触的都不是决策层成员，而只是一个对接人，或者称为影响者。在这个阶段，你真正要传达价值的对象是客户决策层成员，而不是对接人。对接人的主要任务是搜集SaaS服务商信息，然后向上汇报。此外还有一个任务，就是阻止你见到他的上级或者公司高层。他们这样做也不无道理，因为现在只是初筛阶段，上级不想与任何厂商直接接触。

当然，你也要充分利用这个机会，了解本阶段需要收集的必要信息。因为心态上的平等，所以在向客户了解相关信息时，你的话题范围就比较自由了，不用担心会问错问题。本阶段需要了解的问题涉及如下几个方面。

- 客户的主要采购动机是什么？
- 本次采购的次要目标是什么？
- 你的竞争对手是谁？
- 客户的采购决策进程到哪里了？
- 客户希望什么时候上线？

有了这些信息，整个销售矩阵的大致规划也就出来了，可以启动销售流程了。最后，不要忘了我们此次拜访的目标：争取进入第一次正式交流，与真正负责决策的人沟通。不过，这个要求并不容易实现，因为存在着所谓的"销售墙"。真正负责决策的人在墙的里面，外面是我们和对接人，突破销售墙有很多方法，大部分销售都有自己的办法，这里就不再赘述了。

销售人员在这个阶段最容易犯以下三个错误。

- 没提出与决策层成员交流的要求就回来了，结果往往是没了下文，或者过了好久才有进一步交流的机会。
- 认为对接人就能做决策，此后就一直与对接人纠缠，浪费了大量时间和精力。有些对接人为了显示自己的重要性，会表现出决策者的样子，尤其一些职位较高的对接人。
- 走向另一个极端，直接跨过对接人约见一把手。其实这样做非常容易把事搞砸，不到万不得已不要出此下策。

我们必须明白，虽然对接人没有权利说 Yes，但有权利说 No。

最后提示一个概念：客户心中的实力排名，相当于"印象分"。很多销售认为一单的胜负，取决于销售过程最后的临门一脚。其实，大部分单子的胜负都是在与客户第一次接触时就基本定型了。因为在客户心中，已经开始建立一个所有厂商实力的排名，如果不出意外，这个排名基本不会变，会一直持续到签约。对接人最先产生自己的心理排序，并把这个印象传递给上级。

通常情况下，在这一阶段客户并不会安排销售与决策层成员正式交流的机会，所以你需要突破对接人的阻碍，约定此次交流。如果第一阶段的目标达成了，销售就完成了销售矩阵的第一个 ORA 闭环，就可以准备推进到销售矩阵的下一个阶段了。

2. 阶段 2：展示差异化的解决方案

通过第一个阶段目标的达成，我们获得了与客户第一次正式交流的机会，即与决策层成员直接交流。但如果只是与决策层成员见个面、聊聊天，并不会传递什么价值，也不会提升在客户心中的实力排名。所以，与决策层成员交流什么内容和传达什么信息需要精心地准备和设计。

销售矩阵中第二阶段的目标就是展示差异化的解决方案。所谓差异化在这里有两个含义：一个是与竞争对手方案的差异化；另一个是与客户心理预期的差异化，即超越客户期望。如果我们在这两个方面的差异化都能够胜出，就能提升在客户心中的排名，奠定赢单基础。

那么，我们既不知道竞争对手的方案，也不知道客户的心理预期，仅靠客户给出的基本需求，如何能确保在方案上胜出呢？这就用到了一项基本的方案开发技术，即依靠挖掘"隐性需求"做出差异化的解决方案。

基本需求来自客户给出的信息，而信息又分为公开信息和非公开信息。所谓公开信息，就是客户公开发布的需求信息，即所有参与方共有的信息。所谓非公开信息就是客户因为各种原因没有给出，但确实存在的需求。比如，客户对达成业务目标的障碍的认识不全面，给出的需求不是最终需求，或者客户不知道还有更好的解决方案。这种情况即使在大型项目招标中也非常常见。这些非公开信息后面的隐性需求才是解决方案胜出的机会。也就是说，基于非公开信息建立的价值差异，对于赢单具有非常关键的意义。

那么，如何找到客户的隐性需求呢？在 SaaS 销售系统的发现价值层面，找出客户的绩效目标，就可能发现客户重要的隐性需求。此外，对于长期服务于某个行业或业务领域的 SaaS 服务商，对该领域的关键客户需求会有一定的积累和深刻的认知。用客户公开需求与这些积累进行对比，很容易就能找出客户的隐性需求。

隐性需求所产生的差异，无论是对于解决方案，还是客户的心理预期，影响都是巨大的。按照一般销售经验，销售者只要挖掘出五个以上重要的隐性需求，解决方案的差异就非常明显了，客户心理排名也会得到大幅提升。

有了差异化的解决方案，并不意味着决策层成员就能够认识和理解差异化价值。一个经过设计的交流方案和一个高水平的陈述，就显得非常重要了。所以在销售矩阵第二阶段中，定义了一个正式交流和陈述的内容结构。因为时间限制，一次正式交流需要设计一个方案，将要表达的内容和要传递的信息，按照重要性排出顺序，而不是想到哪里就讲到哪里。同样，陈述是SaaS销售人员必须掌握的一门技术，不只是讲PPT或者介绍过于宏观和花哨的内容。陈述所传递信息的目的是为了传递价值，此外没有其他目的。在第一次正式陈述中，需要把公开需求和非公开需求分别陈述，同时向决策层成员求证挖掘到的隐性需求。

销售人员在这个阶段最容易犯以下四个错误。

- ❏ 没有准备向决策层成员做正式陈述，所有工作都为了满足对接人的各种需求，比如报价、演示、提案等。这并不是说对接人不重要，而是他不能决定任何事情，不能提升客户心理排名。
- ❏ 直接向决策层成员进行销售、促单，这就完全偏离了阶段目标，浪费了第一次交流的宝贵机会。
- ❏ 没有发掘客户的隐性需求，只是向决策层成员讲产品和介绍公司背景。
- ❏ 没有设计交流方案和陈述的结构，交流思路混乱、陈述没有重点，被客户提的问题带偏。

3. 阶段3：成为首选供应商

本阶段的目标是淘汰竞争对手，成为客户的首选供应商。事实上，你的解决方案做得再好，也不能直接把竞争对手淘汰掉，那么淘汰过程是如何发生的呢？

原来，从采购旅程的第一天起，客户就已经开始淘汰心理排名靠后的厂商了。也就是说，SaaS的客户采购过程是个双向过程：SaaS服务商在向签约方向推进，而客户却从相反的方向，淘汰一些公司，而淘汰的标准就是低端同质化的方案，没有明显价值差异化的厂商很容易被淘汰。所以，销售竞争的输赢看似是最后筛选的结果，其实胜负早已分出，只是客户没有宣布，所有厂商还在比拼。

如果严格按照销售矩阵定义的阶段推进，完成前两个ORA的闭环，此时你的客户心理排名应该是靠前的。现在你的方案不但差异化明显，而且更加成熟和完备，因为经过第二阶段的验证和补充，隐性需求对客户来说更有价值。现在，你只需要在全体决策层参加的第二次正式交流中继续展现即可。

在一次销售中会有很多次客户交流，但是与管理层全体成员的交流机会通常只有一次。这次正式交流要达到三个目的：①向全体决策层展示你的差异化解决方案；②巩固你的客户心理排名，为决策层最终决定做好铺垫；③给客户制造"双方案"的印象，为下一步价格谈判并避免价格战埋下伏笔。

第1点和第2点很容易理解，现在解释一下"双方案"策略。根据客户给的公开信息所做的解决方案，是一个所有厂商都能满足的共同方案。而你除了公开需求,还挖掘了隐性需求,这样你的方案就是基于"公开需求+隐性需求"设计的。在客户看来,这是一个更高级的解决方案。

因为你并不是真的提供两套解决方案,所以方案陈述的结构就非常重要。在陈述的结构上,应将公开需求和隐性需求分成两个部分,并对应两组演示。所要产生的效果是,在大家基本相同的解决方案之外,还有一个超越客户期望的解决方案。如果你不幸一开始在客户心理排名上没有占据首位,甚至是比较靠后,这次成功的"双方案"演示可能会让决策层重新考虑排名,至少是一个翻盘的机会。

陈述过程最容易落入价格陷阱,也就是一上来就有客户询问价格。在讨价还价的过程中把所有人的关注点都吸引到价格上,而忽略了你的解决方案,最后价值并没有传递给决策层,所有的努力都前功尽弃。肯定会有人说,不是还有纸质的方案建议书吗?多数情况下,不会有人仔细看的,特别是决策层定调后,靠纸质方案翻盘的案例极为罕见。所以,我们还是回到设计好的交流方案上,无论客户怎样要求,都要坚持演示完方案,把价格问题放在最后讨论。

4. 阶段 4:签订高价值的合同

本阶段的目标不只是签订合同,而是要签订高价值的合同。所谓高价值合同有两层含义:客单价高和客户生命周期长。

如果我们第三阶段目标达成,此时客户的问题就不再是选择我们还是选择竞争对手了，而是选择高价值方案，还是普通方案。客户心里也清楚，高价值方案不可能比普通方案便宜，这就相当于设置了价格底线。

但不管怎样，采购负责人或者对接人因为职责所在，肯定要砍价的。因为他们的绩效考核是降低采购成本，所以只会为低价格买单，只有决策层和最终用户才会为价值买单。但是这个阶段的客户角色，只有采购负责人和对接人，对于客户方的砍价，必须坚持优质优价的立场。因为存在价值差异，所以不会出现价格战那样的恶性竞争，也就没必要马上同意降价。每到这个环节，还是有销售会担心因价格问题丢单，要知道，决策层和最终用户已经认可你的方案了，采购负责人一般不会轻易推翻集体做出的决定，除非各家的方案没有差别。

本阶段属于商务阶段，需要有一定的报价策略和谈判技巧，就不在此讨论了。

8.7 发挥销售系统的作用

建立 SaaS 销售系统的目的在于应用，而应用的目的是提高 SaaS 的销售效率。

8.7.1 SaaS 销售效率为什么不高

前面我们提到，影响 SaaS 公司经营水平的主要因素是销售效率问题。目前 SaaS 销售基本都采用软件的销售流程，一个复杂的软件采购流程如图 8-5 所示。

| 需求分析 | 需求审批 | 采购申请 | 供应商咨询 | 确定供应商 | 确定报价 | 签订合同 | 过程跟进 | 交验测试 | 开发跟进 | 安装培训 | 验收付款 |

图 8-5　复杂的软件采购流程

之所以采用这么复杂的销售流程，是因为客户的软件采购流程就是如此。因为一个软件在被正式推广使用之前，很难通过使用体验看出它是否完全符合需求，所以如果不按照这样严格的验证流程来评估，采购的软件可能达不到目标要求，甚至会彻底失败。据统计，全球范围内有半数以上的软件或 IT 系统，都没有达到预期目标，所以，对于一个软件系统的选型来说，花再大的工夫也是值得的。

但对于一个 SaaS 产品的采购过程，也花费数月乃至一年的时间来验证其效果，显然是 SaaS 服务商不能承受的。因为依靠订阅收入模式的 SaaS 产品，其销售效率必须比软件高数倍才可能实现盈利。虽然 SaaS 产品与软件同属 IT 行业，但是前者在本质上属于服务业，它关注的不是开发生产过程，而是服务的效果，所以采用软件复杂的验证过程是没有必要的。

通过对比 SaaS 产品与软件的销售过程，可以找到那些对于 SaaS 来说不必要的成本。

- ❑ SaaS 通常是一个焦点业务，它的业务目标和业务范围都是明确的；而软件一般面对的是一个业务系统，大部分情况下客户需求和目标在交付之前并不是完全明确的，所以需求调研、开发测试、业务功能验证等时间周期成本，对于软件来说是不能省的。
- 消除软件采购风险的唯一办法就是验证，包括从需求到实现，再到上线后检验使用效果。无论是搭建原型、业务模拟，还是用其他验证方法，都是费时费力的工作；而对于 SaaS 产品来说，从 POC 到业务数据逻辑验证，都能通过快速配置，很快完成。
- 传统软件的开发和实施会耗费厂商和客户大量的时间，是影响效率的主要因素。SaaS 产品则只须通过业务配置即可交付，相比软件可以节省 50%~80% 的时间。

通过以上对比可以看出，如果 SaaS 产品采用软件的销售流程，其销售效率必然很低，所以它需要有自己的销售流程。

8.7.2 加快客户决策效率

从软件的采购流程可以看出，因为全过程验证耗费了大量的时间和人力，所以这种采购和销售模式实际上影响的是客户的决策效率。这花费的不止是厂商的成本，实际上在这个过程中客户也为此耗费了大量人力成本。这样的消耗并非客户所愿，而是双方都不知道，还有什么更快的验证和决策方法。

利用销售矩阵，可以将一个复杂的长周期验证过程，聚焦到少数几个关键决策点上，从而大大缩短客户的决策时间，而不会影响决策的质量。这极大地节省了买卖双方的时间、人力成本，在客观上也加快了 SaaS 销售效率。

8.7.3 从被动响应到主动合作

以往无论是软件销售还是 SaaS 销售，基本上都是客户提需求，厂商拼命响应和满足，这就是所谓的买方逻辑，厂商只能处于被动响应的地位。

基于价值获客理念，传统的买卖模式不再适用 SaaS 销售。单纯卖产品的思路已经过时，SaaS 服务商需要从价值出发，帮助和引领客户完成采购，这就是所谓的卖方逻辑。如果客户买错了，就不会继续合作和续费，SaaS 服务商也同样亏本。而软件则不需要这样做，无论客户选对还是选错，软件厂商都是稳赚不赔。

不过，主动合作方式对于 SaaS 服务商是一个非常大的挑战。所谓主动合作，我们必须高于客户的价值认知，并在客户之前设定成功路径，利用关键驱动因素，达成主动合作的目的。

8.7.4 定义自己的 SaaS 销售系统

也许你的销售组织已经有了自己的 SaaS 销售流程，但还没有形成自己的销售系统。无论什么样的销售流程，都可以将其融入 SaaS 销售系统，形成独有的 SaaS 销售系统。这样就可以使用本章所讲的 SaaS 销售方法，利用销售矩阵来提高 SaaS 成单率和销售效率。

需要注意已有销售流程的关键环节，与销售矩阵的各个阶段形成对应关系。比如，大部分销售流程都有方案交流这个环节，但是在销售矩阵中，可以将其拆分为两次交流和两次陈述，分别放在第二、第三两个阶段。拆分是因为每个阶段的 ORA 不一样，即平时销售培训所讲的"找对人、说对话、办对事"，如果只有一次正式交流，则很难同时做到前述"三对"。

需要说明的是，虽然 SaaS 销售矩阵中定义了四个目标阶段，但并不是说不管什么客户、无论单子大小都需要走完这四个阶段，也可以视具体情况进行裁剪或合并目标。但销售矩阵的赢单思路不会改变，即以价值型获客为主线，以提高销售效率为根本目标。

8.8 本章小结

本章针对 SaaS 销售面临的成单率、销售效率和获客质量三大难题，以 SaaS 销售方法论为基础，构建了 SaaS 销售系统。特别是销售矩阵的应用，实现了价值传递的最大化，成功解决 SaaS 销售面临的三大难题。

借助 SaaS 销售系统，无论是销售新手还是销售高手，都能很快地提升自己的销售业绩和获客质量，跨越 SaaS 销售鸿沟。

第 9 章 CHAPTER

SaaS 实施与交付

本章要点:

- SaaS 实施交付概述;
- 国内的 SaaS 更需要实施;
- SaaS 实施的价值;
- SaaS 实施方法论;
- 实施与 CSM 的衔接;
- 实施团队的考核。

实施在 SaaS 领域是一个非常重要，但又极易被忽视的业务，实施交付与获客和留存密切相关。

9.1 SaaS 的实施交付概述

通过价值型获客的销售过程，客户认可了我们提出的价值主张和解决方案。但是产品和解决方案通常不能直接被最终用户使用，只有通过实施交付，SaaS 才具备最佳使用条件。如果给 SaaS 实施下一个定义，就是对销售阶段与客户确定的解决方案进行实现，并上线交付给客户正式使用。

大部分 SaaS 都需要实施，只是实施的复杂程度有所不同。通常工具型 SaaS 的实施比较简单，通过设置组织结构和配置基本参数即可交付使用。而业务型 SaaS 的实施过程相对复杂，有的实施还需要与现有业务系统进行集成。

以传统 IT 系统的实施为例，如果以"售出"为界限，则实施被归为售后阶段，进入实施阶段即标志着销售任务的完成。而对于 SaaS 来说，从价值获客的角度看，即使完成销售工作，实施也不能算作"售后"。因为只有实施并按销售方案成功交付，才算真正完成了获客的过程，即实现了价值交付。

强调实施与销售一体化，是因为我们看到太多的案例，由于实施不成功，导致上线不久就被客户弃用了，辛苦的获客前功尽弃。所以，我们将实施交付过程归于获客部分，而不是售后服务部分，根本原因就是只有成功的交付，才算是真正获得了该客户。

实施的难度与销售方式紧密相关，价值型销售所获客户的实施难度最低，因为销售过程自始至终围绕着帮助客户"达成绩效目标"这一根本需求。但如果是采用非价值型销售方式而勉强签约，实施的过程就难以控制了，效果也不易保证。这相当于在销售过程中没有完成价值传递，而把所有问题都压到实施阶段。但问题是 SaaS 不能像软件那样，通过开发在实施阶段把所有问题解决，因为 SaaS 不能修改代码。这种情况下无论投入多大的工作量，交付的质量都很难达到交付标准。这也是我们反复强调价值型获客的原因，即避免把关键问题推到实施阶段。

除了 SaaS 的正常交付之外，客户通常还希望实现端到端的全业务流程价值，这就需要 SaaS 与其他现有业务系统进行集成。因为需要集成的业务系统不同，在 SaaS 产品和解决方案中并没有预定的集成方案，只能在实施过程中制定，所以集成项目的控制和管理非常重要。业务系统集成可能会产生新的或更高的业务目标，有时甚至还会改变原有的 SaaS 价值主张，业务和使用范围也会发生变化，比如原来一个部门使用的 SaaS，因为集成业务范围扩大了，变成需要接受更多部门的评价和考量。所以 SaaS 的业务集成不是简单地把 SaaS 与其他业务系统连通，而是一种要求更高的系统实施。

9.2 国内的 SaaS 更需要实施

我们经常看到，签约一家客户后，只是简单配置一下系统，客户就能使用。这是因为基本功能都能跑通，操作上不存在问题。但这种简单交付方式不会给客户带来好的使用体验，客户会认为交付的产品与销售方案差距很大。但对于同一家客户，如果经过专业的实施过程，交付效果就大不一样了。为什么基于同一个平台的产品，两种实施效果差距很大呢？这只能说明实施是 SaaS 的一个必不可少的专业过程。

实施虽然很重要，但是国内 SaaS 公司对实施普遍不太重视，认为只要把产品卖出去就万事大吉了。实施团队在 SaaS 公司中也基本没有什么地位和话语权。从定位、流程到责任划分都不太清晰，实施团队更像是销售的一个尾巴，帮助销售把事情摆平。

说来这也不奇怪，国内 SaaS 公司在复制国外 SaaS 赛道时，对 CSM 推崇备至，但很少听说有实施什么事儿。实际上，由于国内企业服务领域基础环境不成熟，国内的 SaaS 更需要实施，这一结论基于以下几个理由。

- ❏ 国外 SaaS 业务比较标准，SaaS 的交付与销售方案可以做到完全吻合，所以实施确实没有那么重要。而国内的业务规范性不佳，业务边界比较模糊。销售方案与交付效果相差甚远，甚至还有销售时没有方案的情况。
- ❏ 国内企业客户无论规模大小、信息化程度高低，无不有自己的想法。这就需要 SaaS 服务商投入较大实施力量，制定个性化的配置方案，才能满足客户的要求。
- ❏ 国内一些 SaaS 销售人员水平不高，要么呈现的只是 SaaS 产品功能，要么被客户的个性化需求带偏，改变了 SaaS 原有的价值。这就给实施埋下了一个不确定因素，在销售方案与客户的期望之间存在一个很大落差。要想填平这道鸿沟，需要通过实施重构解决方案。极端情况下，实施相当于又重新销售了一遍，增加了获客的成本。
- 虽然国外的 SaaS 也需要集成，但集成的实施过程相对简单。一个根本原因是在 SaaS 生态环境下，SaaS 的集成对象也是 SaaS，通过简单地配置即可实现业务数据的连通。但国内情况与之不同，SaaS 的集成对象主要是软件系统，实施集成的复杂性和专业度要求更高，也就是需要熟悉周边业务系统的业务流程。特别是对于大客户，没有实施集成经验的团队很难胜任这项复杂的工作。

9.3 SaaS 实施的价值

一个 SaaS 业务在销售完成后，虽然实施仍须较大的投入，但与所获利益相比，是非常值得的。实施的价值主要体现在以下几个方面。

9.3.1 实现销售承诺

在正式交付验收之前，每个 SaaS 服务的合同都只是一个销售约定和承诺。如果单纯为了完成销售，很容易出现过度承诺，也就是常说的销售挖坑。一个坑挖得有多大、能不能填上，很大程度上取决于平台的扩展能力和实施能力。从这个角度来讲，实施存在的首要价值就是"填坑"，即先解决客户接受度的问题。

多数情况下，通过产品的简单配置是填不上这些坑的，需要的是方案级别的重构，甚至是重新引导客户的目标期望，这需要实施人员有较强的咨询能力。具有这种能力的实施顾问肯定是很贵的，而销售导向的 SaaS 公司从成本考虑，大多选择少配或者不配高水平的实施顾问。所以很多公司挖坑能力强，但填坑能力弱，也有的坑根本就填不上，甚至会产生退单。

从现实角度出发，SaaS 实施存在的首要目的和价值就是实现销售承诺。只有客户接受了交付，才能谈到续费问题。

9.3.2 增加客户终身价值

无论销售阶段的方案交流沟通得有多充分，都需要实施的应用落地。而客户的终身价值能有多大，很大程度上取决于实施交付的效果。获客质量与实施效果之间的关系基本有三种可能。

1. 签约质量良好，实施效果良好

对于符合获客质量标准的客户，实施成功率必须达到 80% 以上，这也是实施团队的基本绩效考核指标。公司的续费收入主要指望这类客户，也就是维护 SaaS 公司正常经营的 LTV 水平。

良好的交付质量不但能保障客户的续费，还能降低 CSM 的服务成本。

2. 签约质量好，实施效果差

这种情况是由多种原因造成的，但最根本的原因还是实施团队的水平问题。这种交付质量的客户存在断约的可能，需要

CSM 特别关注，以达到维持 LTV 的目的。

实施团队必须把这类交付水平的客户拿出来逐个分析，将交付成功率与团队和个人绩效挂钩。

3. 签约质量差，实施效果好

这说明产品解决方案没有问题，而是销售方案存在问题。实施顾问需要重新引导客户需求，或者通过重构解决方案，纠正销售方案的问题，以达到恢复正常 LTV 的目的。当然，还有一种情况是签约质量差，实施效果更差。这种情况我们不做过多讨论，及时止损是最好的策略。

从上述三种实施效果可以看出，无论合同质量如何，实施要做的都是高质量的交付。客户 LTV 有多大，很大程度上取决于实施。实施是提升客户终身价值的基础，实施的价值就在于此。

9.3.3 了解行业客户的好机会

在销售到服务的整个过程中，最能近距离深度了解和洞察行业客户需求的机会，首先是实施，其次才是服务。这是因为无论在售前阶段还是销售阶段，能呈现给客户的都还只是一个粗略的方案。只有到了实施阶段，有了最终用户的参与，客户真实的需求才会集中暴露出来。也正是通过这个过程，实施顾问才能获得客户的新需求，通过实施过程观察和积累解决方案的实现经验，最终向公司内部输出成熟的行业解决方案。如果说 SaaS 公司里谁最熟悉行业客户，我觉得应该是实施顾问。对于价值型销售方式来说，实施顾问这个岗位甚至可以与售前甚至销售互换。

所以实施过程是一个了解行业和客户的最佳机会，对于公司积累行业解决方案有着重要的意义。

9.4 SaaS 实施方法论

一次 SaaS 实施，无论客户大小，都应该当作一个项目来做。前面我们已经说过，SaaS 是一个讲求效率的业务，所以实施项目的周期不可能像软件项目那样长。也就是说，SaaS 的实施需要有专门的实施方法论，才能同时满足实施效率和交付质量的要求。

不同类型的 SaaS，其实施方法也不尽相同，但实施框架基本一致。一个典型的 SaaS 实施过程主要包括五个部分。

1. 解决方案的再确认

售前和销售阶段的解决方案主要用于沟通交流，也就是以销售为目的，所以一般不能直接拿来当作已被客户确认的方案。因此，实施前必须与客户业务人员和最终用户重新确认解决方案，在此基础上才能确定实施方案。

无论实施人员对实施方案多么有信心，都需要对解决方案进行再确认。如果没有与客户确认方案就自行实施，上线前客户发现与其目标不符，那就只能返回起点重新开始，此时在客户内部造成的负面影响是巨大的。

2. 业务蓝图

业务蓝图是通过调研和分析客户业务现状，梳理出未来的业务模型。业务蓝图定义的过程，就是将客户当前的实际业务流程转化为 SaaS 中定义的业务过程。可以看出，业务蓝图是一种共同的业务描述语言，也是确保正确交付的重要方法。

如果跳过业务蓝图这一步，一旦实施阶段对业务理解出现不一致的情况，就无法回溯到业务流程层面。另外，如果客户业务发生变化，就需要修改业务蓝图，而不是直接修改配置。

3. 实现设计

业务蓝图正确只能说明业务逻辑正确，要保证实现后的系统逻辑正确，就需要做实现设计，即把业务逻辑转换成 SaaS 实现方案。实现方案说明了每一个业务逻辑是如何实现的，因为实现方式并不唯一，所以需要详细描述实现的方式，为以后的修改提供便利条件。

4. 业务配置

SaaS 实施有一个前提，即原则上不会涉及修改程序代码，即完全通过业务定义和配置实现目标。实现方案的输出，正是业务配置的方案。如果前面所有步骤都按部就班地完成了，到了这一步不用实施顾问参与，其他人也能根据配置方案，把系统配置出来。业务配置的输出，就是交付给用户的可用服务。

5. 定版交付

所谓定版交付，即锁定并导出业务对象的参数配置表，确定最终交付版本。

最后需要说明的是，从解决方案到业务配置表的所有实施文档，必须是自上而下的唯一对应关系。如果业务发生变更，要看需要回退到哪个层级，而不能直接修改业务配置表。

9.5　不要在实施上节约成本

现在我们已经知道，实施并不只是配置系统那么简单。根据自己业务的复杂度，SaaS 公司应该配置合格的实施团队。有些 SaaS 公司没有专业的实施团队，而是让 CSM，甚至是销售自己去实施。对于简单的工具型 SaaS，这样做完全没有问题，但对于业务型 SaaS，这样干就埋下了很深的隐患。

销售完成后，销售人员的工作即告结束。如果让销售人员去实施，不但会降低销售本身的效率，关键是交付质量很难满足要求。同样，CSM 的业务目标是帮助客户使用，而不是帮助客户建立系统。从管理的角度，一个没有目标考核的工作，根本就不会有人尽心尽责去做。

SaaS 公司在实施上"节省"成本，将会以更大代价去补偿。这就像随意播下了不健康的种子，就不可能有好的收获。交付质量差，可能导致客户使用不久就弃用。为了维护这种客户，CSM 付出的成本也会成倍增加。从 SaaS 盈利模式看，花费了过高的获客成本和服务成本，也未必能获得满意的 LTV。

忽视实施交付业务，是 SaaS 公司经营战略上的一个重大隐患。

9.6 实施与 CSM 的衔接

从 SaaS 公司的业务流程看，实施交付完成了整个获客的外部流程。而对于所获得的客户，实施交付同时衔接了服务的内部流程。从外部到内部流程的转换和接续非常关键，也就是业内所说的 CSM 能否接得住客户的问题。

如果实施后直接把客户扔给 CSM，他们需要重新了解和熟悉已实施客户的业务，这样在服务过程中给客户的感觉是不熟悉业务，也不了解客户当前的状况，所以这个过渡过程就比较生硬。我们评估了大量的项目交付案例后发现，即使是高水平的实施顾问，交付的系统最多也只能覆盖客户 80% 的目标业务，还有一部分需求会随着客户的使用陆续提出，这部分工作只能由 CSM 来完成。所以，管理好实施交付流程与 CSM 服务流程的接续，也就管理好了客户的满意度，本质上是不让两个流程的接续产生较大落差。

"落差"问题曾经困扰我很长时间。我们的 CSM 无论是电话还是上门服务，跟客户聊不上几句就没得聊了，服务很难开展。出现这种情况的原因大家心里都清楚，CSM 对客户缺乏了解。

直到我的一位同事提出了一个建议，询问这个客户的销售和实施人员：客户为什么要买我们的服务？没想到就是这样一个简单的问题，使 CSM 与客户从本源需求上建立信任关系。这个经历给我们的启示是，实施的每个阶段都有明确的文档记录，实施过程文档通常被称作实施档案。实施与 CSM 交接时，交接的不是客户，而是实施档案，"客户为什么要买我们的服务？"这句话，也应作为一个重要信息记入实施档案。一个完善的实施档案，可以将两个流程产生的落差降到最小。

9.7 实施团队如何考核

一个没有考核的业务，不会有好的绩效。那么，实施交付又该如何考核呢？首先是基本指标，即对于符合获客质量标准的客户，交付合格率应该高于 80%。其实交付环节 20% 的损失率已经很高了，之所以留这么大的余量，是因为获客质量和交付合格率的初始评估会存在较大的偏差。80% 也是实施团队业绩的底线了，如果低于这个指标，就需要分析团队建设本身的问题，比如实施能力、实施方法论和管理问题等。

在团队基本合格的基础上，我们重点考虑两个大的指标和一个业务导向问题。

1. 实施周期

因为实施交付是一个讲求效率的项目，所以实施周期是一个考核实施能力的核心指标。实施工作主要是在客户现场进行，公司很难对每个项目实施的过程进行精准掌控。

实际上，需要公司层面管理的是实施项目的风险，如果项目陷入风险之中，几个项目就能消耗掉公司大部分实施资源。而效率进度问题由实施人员自行管理，项目管理能力是每一个实施人员必备的能力。

因为产品不同，所以无法统一实施周期标准，但每个 SaaS 公司都有自己的统计数据作为标准，随着产品和平台能力的增强，实施周期也会不断缩短。

具体到每位实施人员的考核，可以统计其项目的实施时间与标准实施周期的偏差，作为考核的重要依据。对实施人员考核的目的不是奖惩，而是以提升能力为目标。

2. 成本管理

虽然我们把实施交付归于获客过程，但是实施交付不能再增加额外的获客成本了。通常合同中包含了实施费用，所以对实施的财务考量原则上是独立核算，除了明确为标杆项目外，均不能产生亏损。实施成本包括实施人员的所有成本，如工资、福利待遇、奖金、差旅费用、调派支持人员的成本等。

3. 盈利不是实施交付的目的

一些销售导向性强的 SaaS 公司，把盈利设为实施交付的目的。虽然符合经营的原则，但违背了设立实施业务的初衷，忘记了实施交付的目的是提升客户终身价值，落入舍本求末的误区。

我在给一家 SaaS 公司做运营培训时，一位实施团队的负责人跟我说，他们的业绩很好，通过实施还赚到了钱。原来，他们是在销售阶段谈了不少的实施费，因为实施费大多按人天计，所以实施周期很长。为了凑足工时，客户在谈定的解决方案之外，又增加了许多其他要求。

如果是做软件业务，这个经营思路完全没有问题，想办法把项目扩大，就可以获取更多收入；但是对于 SaaS 业务，这个账还不能这样算。我给他细算了一笔账，如果计算所有成本，其实根本没赚钱。相反，因为实施资源被长期占用，公司还要付出其他补充实施资源的成本。关键是对于公司来说，长期被占用的实施团队还会损失很大的机会成本。

这是一个实施业务的目标导向问题，因为大部分 SaaS 公司的实施资源都属于紧缺资源，这些资源是为了支持整个公司的增长，而不是通过实施业务本身获利。所以，在指定实施业务的考核目标时，只要管理好交付质量和实施效率，实施业务就不会出现影响公司增长的大问题。

9.8 本章小结

本章阐述了 SaaS 实施交付的业务概念，讨论了 SaaS 实施对于留存的重要性，总结了 SaaS 实施交付的价值。对于 SaaS 实施业务管理问题，如与 CSM 的业务衔接、实施团队的绩效考核等实操内容，本章也给出了具体的建议。

第 10 章 CHAPTER

客户成功

本章要点：

- 客户成功的基本概念；
- 正确理解客户成功；
- 国内的 SaaS 更需要客户成功；
- 重新认识客户成功；
- CSM 的工作要点。

10.1 什么是客户成功

我们通过售前和销售阶段完成了销售，又通过实施交付这个桥梁，顺利完成了整个获客过程。但是，这时 SaaS 生意还没有彻底闭环，所获客户是否能够进入交付后的用户使用环节，并且长期使用下去，现在还是个未知数。因为还需要完成一个重要的业务过程，这个业务过程被称为客户成功管理（Customer Success Management）或客户成功（Customer Success），执行这一业务的角色被称为客户成功经理（Customer Success Manager，CSM），我们常用 CSM 指代这个岗位角色。

CSM 是 SaaS 业务中的一个特殊需要，任务是配合获客过程后的客户留存。客户成功不是一种更好的客户支持，也不是厂商提供的售后服务，甚至它存在的目的都不是为了提升客户满意度。客户成功存在的目的，是为了实现持续收入并促进增长。

这听起来挺令人费解的，特别是似乎与 CSM 被培训的客户服务理念背道而驰。如果说 CSM 能帮助公司实现持续收入，也很难令人信服，因为除了销售好像还没有哪个环节能产生和增加收入，要说 CSM 跟增长有关，似乎更是牵强。但事实确实如此，我们先看一下投资客户成功要达到的三个目的。

1. 降低客户流失

留住现有客户是 SaaS 公司获得收益最简单的方式。销售界有一句话：获取一个新客户的成本是保留一个老客户成本的 5 倍。特别是对于 SaaS 订阅收入模式，客户流失，则一切归零，之前付出的所有获客成本都没有获益。所以，降低客户流失是 CSM 的第一要务。

2. 增加收入

获客以后增加收入主要通过两种方式：①通过成功客户的推荐，获得更多新客户，也就是常说的客户转介绍，这种方式可以认为是零成本获客；②续费、增购等项目增加的收入。这两种增加收入的方式，都离不开 CSM 的服务。

3. 客户挽留

大部分客户因对产品或服务不满而离开之前，是不会打任何招呼的。但是，客户准备离开一定有先兆，有一个其他行业的数据可以参考：在客户刚有离开的念头时，如果厂商能及时挽留，至少可以留住其中 50% 的客户。SaaS 客户也类似，应尽量提前发现客户离开的征兆，及早挽留以避免严重的损失。

每次说到这里，都有人建议我再加上一条：客户成功的目标还应该包括帮助客户成功。这当然是客户成功的目标，但这个目标对于 CSM 来说太难考量了。比如，客户到达怎样的程度才算是成功？这个成功与 CSM 的服务有什么关系？这些都没法量化。

容易量化和考核的只有上述三个面向结果的指标。也就是说，如果 CSM 的工作不达标，所有结果指标都会受到影响。反过来说也成立，按照 SaaS 行业的指标，比如客户流失率，如果定的高于行业平均标准，说明 CSM 的工作一定存在问题。所以，用流失率、增购率和挽留率这种直接的指标进行考核更合理。

10.2 对客户成功的误解

SaaS 行业的历史不长，对于客户成功的概念，直到现在其实真正理解的人也并不多。特别在国内企业服务领域，普遍缺乏对客户成功重要性的认知，甚至对客户成功还存在种种误解。

1. SaaS 不需要客户成功

很多做 SaaS 产品的人认为，他们的产品使用简单或者足够用户友好，有没有客户成功并不重要。这种认知缘于国内的一个特殊 SaaS 创业背景，因为找准企业的焦点业务很难，所以很多创业者不约而同地扎堆做工具型或者通用型 SaaS。因为客户对这种 SaaS 的依赖性不强，确实有可能不需要客户成功。此外，为了抢占市场，很多工具型和通用型 SaaS 都是免费的，那就更不需要客户成功了。因为客户成功的目的是增加公司收入，免费也就无所谓收入了，客户成功也就失去了存在的意义。如果一个 SaaS 产品很长时间都没有找到切入点，就可能是缺少使用价值，此时考虑客户成功问题还太早。

"通用和工具类 SaaS 不需要客户成功，所以 SaaS 不需要客户成功"是片面的，实际上大部分 SaaS 产品都是服务于企业的具体业务，解决业务问题或者帮助用户达成业务目标，本身就相当复杂和困难，客户也愿意为客户成功服务付费。无论是对于 SaaS 服务商还是客户，客户成功是不可或缺的。

抛开客户成功，试图靠产品直接激活客户的想法，在 ToC 领域可能会有效，但在 SaaS 行业基本无效。一个 SaaS 产品无论复杂还是简单，直接把账号丢给客户使用，而与客户没有任何互动，大概率很快就会被弃用。作为 SaaS 服务商，如果连客户用和弃用的原因都不知道，更谈不上迭代改进了。

从 SaaS 商业模式角度看，所有 SaaS 都需要有客户成功。通过客户成功，有助于弄清楚以下五个关键问题。

- ❏ 客户为什么会买你的 SaaS 产品，他们的真实需求是什么？
- ❏ 客户如何把你的 SaaS 产品用于他们的业务中？
- ❏ 交付之后客户为什么继续使用你的 SaaS 产品，或者客户为什么离你而去？
- ❏ 客户为什么会增购，或者购买升级版？
- ❏ 你要做哪些产品改进，才能使客户一直使用下去？

这些问题的答案无法通过调查得出，因为客户离你而去的原因是不会通过调查告诉你的。弄清楚上述问题，并且制定预防措施。我们不能通过零敲碎打的方式，必须依靠系统化的方式来解决，所以必须建立客户成功团队。

2. 客户成功是支出性项目

一些 SaaS 公司不愿意在客户成功上投资，认为客户成功与以前的客服或者技术支持一样，都是花钱、不挣钱的。有这种想法的 SaaS 公司终将为短浅的认知，付出高昂的代价。

传统的客服和技术支持的确是花钱的部门。他们之所以不能成为盈利部门，是因为只有等到有问题发生了，才需要他们参与。比如，客户一定是购买了产品或服务，才可能发生投诉，产品出现了问题，才需要技术支持出面解决。但是客户成功不是这样的，他们的工作目的是有效避免问题的发生。他们所做的一切就是为了避免客户流失，而一旦规避了客户流失，收益也将随之而来。所以，客户成功非但不是一个支出性项目，反而是 SaaS 公司增长的核心动力。

现实中有些 SaaS 公司把原来的客服和技术支持改个名字，当作客户成功部门。但是因为工作性质没变，所以达不到客户成功的业务要求。看一下 SaaS 公司对 CSM 的招聘介绍就会发现，岗位名称写着 CSM，可是工作内容怎么看都像是客服。按照这种标准组建的客户成功团队，也确实不会成为一个利润部门。

3. 客户成功以后再说

很多 SaaS 公司在初创阶段，主要资源都投入在产品研发方面。但是公司有了一定数量的客户之后，如果在客户成功上仍没有投入，就会因缺乏与客户的连接，失去持续增长收入的基础。不清楚客户为什么会买你的产品、不了解客户怎样用你的产品、也不知道客户使用产品有什么反馈，如果没有客户成功，SaaS 公司就无从知晓这些问题，也就失去了与客户的联系。

国内 SaaS 公司在产品发布后，都会在销售方面投入巨资，扩大销售团队，而客户成功这件事却还没有提上议事日程。

实际上，客户成功基于一种理念，它不是售后的服务，而是一个前置的业务，需要与销售获客过程衔接。如果缺失这个业务过程，后期的订阅收入就没有保障。所以，从这个层面来说，客户成功与销售是同等重要的。在招聘销售人员的同时，也需要招聘客户成功人员，只是开始时建议先招聘有经验的客户成功负责人，再由他去组建客户成功团队。

4. 客户成功的地位不高

很多资金宽裕的 SaaS 公司都有这样的想法："既然其他 SaaS 公司都有 CSM，那咱们也要有。"有的客户成功团队规模还不小，但是如果不理解客户成功的理念，客户成功的业务作用就得不到有效发挥，客户成功的业务地位也不会高。

很多 SaaS 公司还是把客户成功当作客服来用，他们需要承受客户的种种抱怨，除了安抚客户，CSM 对于公司增收也起不到实质性作用，这种投资肯定无法得到超额回报。问题的根源不在于有没有客户成功团队、团队规模有多大，而在于客户成功的业务地位。客户成功是一个独立的业务还是一个附属业务，决定了客户成功的作用能够发挥多大。如果客户成功在公司总部都没有应有的地位，分公司的 CSM 更是形同虚设。

客户成功的重要性和应有地位应该放到 SaaS 公司的战略性高度考虑。在管理关系上，客户成功负责人应该直接向 CEO 汇报，而不是向销售负责人汇报。但这也有一个必要的前提：客户成功必须承诺和承担合理的业绩指标。

5. 承担正确的指标

客户成功需要有与其他业务部门有同等的地位，但是这种地位不是组织应该给予的，而是客户成功团队"争取"来的。我曾经帮助一家公司组建了客户成功团队，开始公司领导对这个团队非常重视，在资源上也有足够的投入。

一段时间后公司领导告诉我，CSM 的工作成果并没有像公司期望的那样。我与团队沟通后发现：最主要问题是客户成功团队缺少必要的承诺，不愿承诺和不敢承诺，一谈到流失率、续约率和挽留率等硬性指标，首先列举一堆困难和工作难度。团队虽然也很辛苦，每天打电话、上门拜访都做得不错，但是没有承诺就没有目标，所以绩效不佳。

从管理的角度看，应该要求客户成功承担什么指标呢？一位 CSM 的负责人跟我说，考核的指标是回款。公司把获客后的回款指标层层分解到 CSM，所以 CSM 大部分时间花在盯客户和追回款上。公司制定 CSM 回款策略是有根据的，因为他们看到国外 SaaS 公司的 CSM 也有回款要求。这实际上是把经营指标与 CSM 的业务要求混淆了。

对于国内 SaaS 的经营环境，首先要将流失率、增购率和挽留率这样的顶层责任赋予客户成功。每个顶层指标定义相应的动作，最后的结果才是回款，而不是简单粗暴地要回款。如果什么都不做，就能要到回款，CSM 存在的意义就不大了，直接把收回款外包给讨债公司就行了。

其实，客户成功团队不愿意承担顶层指标也是有原因的，比如客户质量差、交付质量差、客户经营状况不好等。但正是因为这些问题的存在，才有 CSM 存在的价值，不能把问题和困难当成不承担责任的借口，那样只会降低客户成功团队的业务地位。

本节举例的那家公司最后的解决方案是换了一位愿意承担关键指标的客户成功负责人，重新确立了客户成功的业务目标，并制定了客户成功的"服务漏斗"，在 CSM 的服务流程上做了改进，制定了合理的拜访计划。此后不但回款金额大幅增加，而且对于大部分客户，只需提前发个续费通知就能续费，很少需要专门去催收。利用"服务漏斗"，可以从源头服务更多客户，而不是等客户出了问题，再花精力去处理问题。

10.3　国内 SaaS 其实更需要客户成功

虽然都称为客户成功，但国内 SaaS 公司与国外 SaaS 公司要解决的问题是不同的：一个重点要解决流失问题，一个主要解决收入增长问题。相比之下，国内的 SaaS 公司更需要客户成功。

10.3.1　可怕的流失

衡量流失主要有两种方法：一种是用客户数来衡量，还有一种是用回款金额来衡量。后者能更准确地反映流失的状况，而前者则更加直观。

假定一家 SaaS 公司每个月能留住上月 95% 的用户，这在国内 SaaS 行业内已属不易了。但是仔细一算又不是这么回事，看起来相当于每个月仅流失 5% 的用户，但换算成年的话，就相当于每年流失了约 60% 的用户。换句话说，这家公司必须每年再创造 60% 的收入，才能补回亏损。流失问题确实是细思恐极[⊖]，

[⊖] 网络流行语，指仔细想想，觉得恐怖到了极点。

况且国内 SaaS 公司能做到这样留存水平的已是凤毛麟角。特别是当客户留存率低到一定程度时，SaaS 生意就变成了软件业务。

实际上，国内 SaaS 增长缓慢的主要症结就是客户流失，只不过依靠签多年合同等手段，暂时掩盖了流失风险。国内的 SaaS 公司一般很在意新签合同额，而对于客户流失这个亏损漏洞却很少察觉。其实很少有 SaaS 公司是因为没有新合同而倒闭的，大部分 SaaS 公司都是随客户流失，温水煮青蛙般地消失的。

10.3.2 客户为何流失

国外经营状况最好的 SaaS 企业每月流失率约 2%。既然流失了 2% 的客户，那么为什么他们的收入净留存率不降反升呢？答案是，那些忠实客户会增购，这笔收入要远大于公司因为部分客户流失导致的损失。但是，这种情况在国内 SaaS 公司较少发生。流失率高再加上缺少老客户增购，收入增长自然上不去。单靠新客户增加收入显然不现实，因为获客成本越来越高，再强调增长就会导致越来越大的经营亏损。

为什么国内 SaaS 公司的客户流失率要远高于国外的 SaaS 企业呢？总有人把这个问题归结为国内企业客户的 IT 水平低、付费意愿低等外部因素。其实，流失问题的根源在于 SaaS 公司内部。产生流失的主要内部原因有以下几点。

1. 产品问题

产品问题通常是客户流失的主要原因，但是产品问题并非只是满不满足需求、好用不好用这么简单。之前我们用了大篇幅，对从价值主张到产品定位、从一般产品特点到可运营的 SaaS 产品特征等都进行了详细论述。可以说大部分产品问题都是价值问题。

如果直接通过对标国外 SaaS 复制过来的产品，因为并不能保证其原有的价值主张对于国内企业客户仍然成立，即使勉强推销出去，也可能会被客户弃用。通过 CSM 获取客户的使用反馈，是产品调整和改进的机会。

2. 获客质量问题

一次高质量的获客代表了从产品价值、解决方案价值到绩效价值全方位的满足。反之，只是简单地把产品推销给客户，获客的质量就没有保障，即产生了低质量客户，这种客户有很大概率会在一年内流失。但客户质量并非没有二次改善的机会，比如，通过二次实施，特别是 CSM 的服务，也有可能改善客户质量。

获客质量在很大程度上取决于销售的专业水平，国内 SaaS 公司的销售很多没有经过专业 SaaS 销售训练，加上销售导向型的企业文化，很容易产生大量低质量的客户。

如果没有强有力的客户成功团队，留存目标很难实现。

3. 客户成功问题

即使客户质量较高，也不能保证客户一定能够长期留存。对于质量合格的客户，其终身价值的高低基本取决于客户成功。

大量调查表明，即使是一个优秀的 SaaS 产品，客户对其业务价值的理解也就在 70% 左右。这说明 CSM 的价值完善空间还很大。如果没有帮助客户通过使用 SaaS 提高业务价值，客户仍然有较大可能弃用，或者流失到竞争对手那里。

目前国内 SaaS 公司的客户成功体系建设大都刚刚起步，从观念到行动与行业实际要求存在相当大的距离。很多 CSM 还缺乏帮助客户改善业务的能力，或者只是帮助客户处理一些如软件异常和解答功能操作的工作。

当然，造成客户流失的原因远不止上述三种。但是，这三个方面的问题只要有一个没有解决，就足以产生让 SaaS 公司难以承受的流失损失。

10.3.3　客户成功为何重要

国内 SaaS 公司对客户成功的要求与国外 SaaS 公司是不一样的，所以具体问题还要具体分析。国外 SaaS 公司客户成功的首要目标是增收，而不是要解决流失问题。因为它们拥有成熟的 SaaS 产品和专业的 SaaS 销售，所以获客质量比较高，客户流失率较低，优秀 SaaS 公司的净收入留存率都在 120% 左右。

现在我们知道国外 SaaS 公司大力发展客户成功，目的是提高收入的净留存率，除了增加收入外，对于公司 IPO 的估值也有很大影响。所以，客户成功是一个不折不扣的盈利组织。

国内 SaaS 公司的情况与之不同，客户成功的首要目的还不是盈利，而是止损，即止住流失造成的收入损失。公司盈利水平低一些，只是增长慢的问题，不至于影响公司的生存。但是，如果流失率高到一定程度，就变成了一家毫无竞争优势的软件公司，如果没有新的资金支持，能否生存下去都成了问题。

所以，国内的 SaaS 公司不但更需要客户成功，还需要有与国外 SaaS 公司不同的服务方法，这是因为避免客户流失与增加收入所使用的方法不一样。

10.4 重新认识客户成功

客户成功的存在，完全是由 SaaS 商业模式决定的。客户成功的目标，决定了它有着完全不同的业务模式和管理模式。

10.4.1 改变 SaaS 的销售漏斗

我在给 SaaS 销售做培训时，经常请他们画出 SaaS 的销售漏斗，几乎所有销售的销售漏斗都是如图 10-1 所示的样子。这个倒三角形的 SaaS 销售漏斗的画法是不准确的，这种是软件的销售漏斗。真正的 SaaS 销售漏斗应该是图 10-2 所示，即沙漏的形状，二者的差别就在于客户成功的作用。

图 10-1 软件的销售漏斗

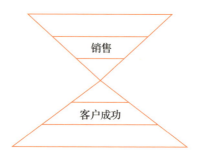

图 10-2　SaaS 的销售漏斗

对于大部分业务的销售漏斗的确是倒三角形的，前面我们说过，SaaS 真正产生收入的开始，并不是在完成销售那一刻，而是在交付后的客户生命周期中产生。正是因为有了客户成功，原本收口在销售漏斗底部的收入，重新形成订阅收入，未来收入能放大到什么程度，取决于对客户成功的有效投入。

10.4.2　客户成功的认知定位

我经常会向 CSM 提出一个问题：公司对 CSM 的期望是什么？或者说公司为什么要成立客户成功部门？大部分人会拿出公司对客户成功部门的工作说明，再严格一点的是 CSM 还要背续费指标。如果真是这么简单，根本没有必要成立客户成功部门。让客服去应对客户的要求，让销售去收续费，效果可能更好。

实际上，这个问题的本质是对客户成功思维的认知问题。

无论是新上任的客户成功负责人，还是新入职的 CSM，对客户成功的认知和准确的自我定位都非常重要，而且相比之下，认知比能力和热情更重要。我看到有的 SaaS 公司的客户成功团队，他们的问题解决能力和服务水平都很高，但总是把自己定位成传统的客服。这本身并没有什么错误，但在定位上的差异，会导致客户成功的工作偏离预定方向。我们一再强调，客户成功是预防性的前置业务，而不是等到问题发生了再去处理。客户成功的目的也不是提高客户的满意度，而是实现收入增长。

对于一家 SaaS 公司来说，找到一位精通客户成功业务的负责人，然后逐步扩大团队，是比较稳妥的团队建设路径。否则，可能招聘来的都是客服人员，甚至还有公司就是把客户服务部门换了个名字。认知不变，结果当然也不会改变。长此以往，管理层会认为客户成功不过如此，还可能会减少在这个业务上的投入。

10.4.3 客户成功的目标管理

要想真正让客户成功发挥作用，从一个支出部门变成盈利部门，客户成功部门就必须设定正确的目标和承担正确的指标。所谓正确就是确保 CSM 的业务方向与公司的经营目标保持一致：首先确定客户成功的顶层关键指标，如客户流失率、挽回率、续约率和有效反馈数量等，这些目标确保公司实现经营目标；其次是支撑顶层目标的主要业务指标，包括财务指标和非财务指标，如增购、应收回款率、回款额、拜访计划执行、转推荐率、服务客户数以及平均服务成本等具体指标。

客户成功的目标和指标体系设计必须合理分级，不同阶段有不同设计，切不可照搬、照抄、搞一刀切，否则不但会增加成本，也不能支撑经营目标的达成。很多 SaaS 公司在客户成功指标体系设计方面，照搬国外的指标体系。要知道必须是先有目标，然后才有指标，目标不同，指标体系就会不同。另一个对指标体系设计的误解，是没有区分"应该"和"必须"。理论上正确的都是"应该的"，但是理论体系只有针对成熟的业务组织才有效，目前大多数国内SaaS公司都还在创业阶段，加之国内企业服务环境的特殊性，客户成功组织离成熟还有很大距离。所以，"应该"和"必须"是两码事，现阶段要确定的是"必须"，而不是"应该"，我们看到不少公司的客户成功，都是热闹地开始、冷清地收场。

如何衡量客户成功指标体系设计的合理性？这始终是一个有争论的问题。从目标管理有效性角度看，只要把握一个大原则，方向上就不会跑偏，即客户成功的所有目标指标的设定和考核必须具有明确的导向性。通常员工不愿意做公司要求的事，而更愿意做他们感兴趣的事或容易做的事，CSM也是一样。目标导向错误，CSM的工作就会与公司目标南辕北辙。

这里用一个实际的咨询案例，说明指标导向性的重要性。一家公司的领导告诉我，他们公司的CSM回款指标平均达到150%，但是客户流失率比成立客户成功团队之前高出不少，特别是后台监控到的有流失倾向的客户，挽留率几乎为零。

我看了几位CSM的拜访记录就发现，他们总是多次拜访少数几家客户，而对于其他客户，有些连电话都没打过。因为他们最重要的一项考核是回款，所以只要盯住将要到期续费的这几家大客户，轻易就能完成业绩。而对上述所列的顶层和业务指标，要么是没有、要么是写了，但没有跟考核权重挂钩。

这个案例说明，这家公司的客户成功指标设计不成体系，没有明确导向性，或者说导向偏了，所以才会出现开头所说的结果。解决的方法与上一个案例类似，即重新设定客户成功的目标和指标，设计服务漏斗并培训 CSM。

10.4.4　客户交接管理

多数商业模式不存在客户交接的问题，但是 SaaS 商业模式恰恰是从客户交接处开始了一个新的服务收入来源。所谓客户交接，指的是一次销售完成，实施交付后将所获客户交接给客户成功部门。客户交接管理最重要的工作是获客质量评估，它是 CSM 服务的基础。因为每家客户的基础不同，服务的起点和方式也不同。

前面我们说过，获客质量主要取决于销售过程，即不但要销售"卖得对"，还要客户"买得对"。但是，现实中很少有这种理想的情况，大部分客户的质量都不高。如果不加以区别，统统交给 CSM，流失风险就会增加。比如，那些勉强成交的客户自然流失率都比较高，在 CSM 手上流失的可能性也很大，留存这种客户除了要付出很高的成本外，对于 CSM 也产生不了实际收益，此类客户增购的概率很小，更不太可能产生转介绍。如果按照目标绩效考核 CSM，当然就有失公平。相反，转交一个优质的客户，谁都愿意接收，因为即使付出较少成本，甚至是零成本，客户大概率也不会流失，还不会影响客户转介绍。

实际上，销售与 CSM 交接的问题在大部分 SaaS 公司都会存在，如果在这个环节没有处理好，后面进入服务阶段就更难解决了。解决这个问题的关键在于首先对要转交的客户质量做出正确的评估，然后才能做出对应的服务计划。评估客户质量最简单的方法是对客户进行分级，比如可以分为 A、B、C 三级（当然你也可以分更多级）：A 为优质客户，B 为一般质量客户，C 则为低质量客户。这个分级并不是针对客户本身的质量，而是指客户的业务目标与 SaaS 的匹配程度，匹配程度的衡量标准源于公司对既有客户的服务经验。比如，一家客户被定为 A，说明公司在这个行业中至少有超过 10 家同行业典型客户，说明公司产品和服务与该类客户业务高度匹配，所以该客户的流失概率很低。一家客户如果被评为 C，则表示公司在该客户行业没有同类客户的服务经验，说明公司产品与客户业务目标有较大偏离，客户的购买意愿比较勉强，客户流失率较高。

建议由销售、客户成功和运营三方组成评估小组，对每家新客户按照评价标准进行快速评估。这种做法有两个实际的好处。首先是对销售员的评估，即少签、最好不签不对的客户。这件事放在销售体系很难评价，但又必须评价，因为销售员签单拿了提成，但对公司来说，可能是一笔赔本的生意，通过评估可以对销售员行为加以规范。其次是对 CSM 的工作有客观的评估，比如 C 类客户的流失可以不计入考核或降低考核权重。

客户质量评估远不止上述两个好处，对于整个客户生命周期的管理和维护来说，客户质量评估是必要的。需要注意的是，评估标准不能做得过于复杂，要减少评估的成本并增强可操作性。

10.5　CSM 的工作要点

我们必须重申，客户成功的工作目标不是提升客户的满意度，而是给公司带来收入的增长。随着服务客户数量的增加，CSM 资源会一直处于紧张状态，所以 CSM 必须抓住重点工作，不能平均用力。

10.5.1　关注用户关键期

新客户的关键期主要有两个时段：一个是交付服务上线后的第一个月；另一个是上线后的前三个月。

在上线的第一个月，用户数由实施初期的几位关键用户推广到整个业务部门或者公司全员。这是一个难度很大的业务方式转换过程，如果未被转换的员工比例过高，上线可能会失败。加载实际业务、结合业务培训和辅导，是这个阶段 CSM 的重要工作。对于用户分散的情况，需要集中分批完成，上线成功是 CSM 的服务基础。

在上线后的三个月内，是用户的稳定期。稳定期内 CSM 的主要工作是激发用户的使用兴趣，也就是告诉用户最佳的业务方法和使用效果。比如，你的 SaaS 是用于营销自动化的，那就需要告诉用户有哪些获取有效线索的方式，你的 SaaS 是怎样支持这些获客方式的。这个过程类似于"再销售"，因为当初讲销售方案时，这些用户并没有参加，所以也不清楚 SaaS 对他们的业务有哪些好处。特别是服务使用方式与用户现有的业务方式产生冲突时，"不会用"就很容易成为用户不用的借口。

所谓稳定期并不一定都能过渡到稳定使用的状态，现实中也会发生用户因各种各样的借口，最后落地推广不了了之的案例。

10.5.2　拜访计划与服务方案

打个电话或者随机走访并不能真正解决问题，只有有目标、有计划、有方案的拜访才有助于达成目标绩效。所以，从客户成功团队到每位 CSM，都需要有拜访计划和服务方案。

因为 CSM 的资源有限，所以不可能漫无目的地拜访客户。虽然每个 SaaS 产品的客户接触点有所不同。但是，何时需要稳定用户、客户何时可能增购以及需要多久才可能产生转介绍等问题，如同客户采购旅程一样，用户的使用旅程也是有规律可循的，CSM 可以利用后台数据的分析，制定更加精准的拜访计划和服务方案。

前面我们说过，国内 SaaS 公司首先要解决的是客户流失的问题，然后才是收入的问题，这需要在拜访计划中有所体现。一个对应着行业最佳实践推介方案，一个对应着营销方案，如果将两者的顺序弄错，效果会适得其反。

CSM 的拜访不是跟客户闲聊，而是需要有行业最佳实践的推介方案。这个方案并不是由 CSM 编写的，而是汇集了该行业所有客户最佳实践。方案中要尽量少出现自己公司的名称，重点讲行业趋势和实践，这是因为客户想了解的是行业上有哪些实践方法，而不是 SaaS 公司是如何解决问题的。相比之下，营销方案比较简单，当客户的使用兴趣被激发之后，增购和转介绍都是顺理成章的事情。

10.5.3 借助信息化工具

目前很多 SaaS 公司的客户成功工作，还是依靠猜测来预测客户行为的，这样做不但效率低，更大的问题是不能及时发现客户将毫无征兆地离去。实际上，任何打算弃用的客户都会表现出某种行为数据上的异常。比如，登录数忽然降低、业务操作频度降低等。恰好 SaaS 有使用在线化的特点，SaaS 服务商可以很容易地搜集到相关数据，并利用数据对客户状态和趋势做出分析和预测，例如，可以使用数据并以自动化的方式，帮助 CSM 做出计划和干预措施。

信息工具能够在如下几个方面为 CSM 提供有效的帮助。

1. 用户关键期的监控

利用后台数据，分别对上线后一个月、三个月和年服务将到期，这三个关键时期的用户行为数据进行监控，判断用户健康状态、是否彻底激活以及其他异常状态。比如，将某一客户的一个月使用指标设定为"实际使用用户数与总数占比大于 80%"，低于这个指标则需要核实激活情况。

2. 预警触发机制

通过设定触发指标，提前得到预警提醒。如果在客户决定不续约之前采取挽回行动，就有可能挽回将要流失的客户。一般客户并不会忽然弃用，断约之前的数据会表现出某些特征。应定期将诊断和评估报告发给对应的 CSM，以便做出适当的干预。

3. 统一干预机制

SaaS 公司的客户成功干预机制应该是统一和规范的，不能是 CSM 各行其是。只有这样才能统一评估这些措施是否得当和有效，以及是否需要改进。根据数据分析预测即将发生的情况，准备有针对性的措施，形成"触发标准→规范干预措施→统一评估→持续改进"的干预机制闭环。

4. 营销支持

虽说目前 CSM 的工作是以防止客户流失为主，但是当客户数量增多之后，一定存在营销的机会，比如转介绍、升级为高级版、增加用户数等，CSM 可通过数据分析，找出每个机会的最佳时机，在正确的时间进行接洽并实施精准营销。

10.5.4 服务分工

如果 CSM 资源充足，建议分为内部 CSM 和外部 CSM 两个部分。内部 CSM 负责客户培训、数据分析和指标监控等内部工作，借助数据分析工具，每位 CSM 可以负责 100～200 家客户。外部 CSM 主要负责营销、续约、催收等外部工作，一般每位 CSM 可以负责 50～100 家客户。

CSM 与客户最有效的沟通工具是行业最佳实践，但由于 CSM 受到行业认知、业务理解和沟通方式的限制，对 CSM 进行合理的分组很有必要。通常情况下，基本的分组方式有按照客户规模分组和按照行业分组两种。

如果按照客户规模对 CSM 进行分组，一般服务于大客户的 CSM 负责的客户数会比较少，比如只负责十几家大客户；而负责中小客户的 CSM 就需要负责上百家客户。这样设置责任范围在国外是非常合理的，但是国内的情况可能恰恰相反。根据我们的经验，国内大客户都有庞大的 IT 部门，他们对于自己的业务流程非常熟悉，基本不需要 CSM 提供太多具体业务的支持。

但是这并不是说大客户就不需要客户成功了，而是说需要与中小客户采取不同的服务方式，对服务于大客户的 CSM 还会有其他要求。比较合理的安排是，具有大客户经验的资深 CSM 或客户成功负责人对接大客户。随着大客户业务的改进，会向 SaaS 服务商提出新的系统变更需求，负责大客户的 CSM 就是客户与公司之间的交流桥梁。大客户除了贡献续费收入外，更重要的是他们的行业经验输出，需要 CSM 记录和输出到行业最佳实践中。即使大客户不亲自出面转推荐，这些经验和案例本身就自带推荐作用。按照行业对 CSM 分组也是十分必要的，这样既让客户觉得比较专业，又能沉淀更多行业知识和经验。

最后，我们讨论低客单价的客户要不要配置 CSM 的问题。一些 SaaS 公司是小微企业客户居多，特点是客单价比较低。对于给这些客户配置 CSM，公司内部都有争论。销售导向型的 SaaS 公司大多不会为这些低客单价的客户配置 CSM，而另一些 SaaS 公司还是为它们配置了 CSM，我觉得后者更有远见。

其实这笔账很容易算得清，配置 CSM 意味着用服务投资，可能换取到更多的客户终身价值；反之，不在服务上投资，那些最需要帮助的小微客户几乎都会当期流失，前期的获客成本也无法收回，铁定是一个亏本的买卖。行业内对此有一个形象的调侃，叫作"管杀不管埋"，这其实是一种非常短视的行为。

如果结合前面所讲的客户质量分级方法，对低客单价客户进行分级管理，就不会平均使用服务资源，还能够提高服务效率和降低服务成本。

10.6 本章小结

客户成功的目的不是提升客户的满意度，而是为公司创造持续的收入。围绕这一理念，本章阐述了客户成功存在的意义，澄清了对客户成功的种种误解，从防止客户流失入手，讨论了客户成功的认知定位、目标管理和客户转交管理，最后总结了CSM的工作要点。

第 11 章 CHAPTER
规模化与增长

本章要点：

- SaaS 公司需要增长；
- SaaS 增长的四个阶段；
- SaaS 增长的关键指标；
- 阶段与目标的对应；
- 增长的驱动要素。

11.1 SaaS 公司需要增长

增长是当前 SaaS 领域最热的话题，国外的企业服务市场已经证明，SaaS 是软件与信息服务行业增长最快的领域之一。国内的 SaaS 公司虽然才刚刚起步，但也都在追求高速增长。在业务领域内，SaaS 是一个赢者通吃的市场，很少有 SaaS 企业不把增长作为首要任务。只有增长，才能证明自己是未来市场的领导者；也只有增长，才能向资本市场证明 SaaS 是一门好生意。

那么，究竟什么是 SaaS 的规模化增长呢？增长是如何发生的？如何通过指标平衡和管理增长？怎样控制增长可能带来的风险？对于这些问题，国内很多 SaaS 公司并没有给出明确的答案。

有的 SaaS 公司认为，所谓增长就是拥有庞大的企业客户数。如果数万家不能说明问题，那就数十万、数百万，甚至数千万家，其实只要烧钱，客户数量增长不是问题。还有的 SaaS 公司认为，销售收入最能代表增长。相比之下，这种观点似乎比单纯增加客户数更靠谱一些。确实，真金白银的收入增长，要比增加客户数的难度大很多，在投资人面前讲话也硬气得多。但是，如果不计成本，增加收入也不是难事，比如砸钱做市场，大量招聘销售员密集地进行地推活动等。一套操作下来，上千万甚至上亿元的销售收入也绝非不可能。

国内 SaaS 的增长无非也就是上述两个套路。然而，每一种增长方式都会产生新的问题，比如，亏损快速扩大，现金流出现问题，盈亏平衡遥遥无期，或者说没有平衡的可能。虽说 SaaS 生意模式最初的"亏损"不可避免，但是这两种做法都不是一门生意应有的做法。

SaaS公司需要增长,但如果增长的方式不当,公司会衰退得更快。

11.2 增长的四个阶段

对于ToC的消费领域,无论是圈客户还是做大收入,都是可行的方法,因为互联网打法追求的就是增长的规模与速度。但是,这种方法对于SaaS增长来说是根本行不通的。也就是说,SaaS的增长不可能一蹴而就,而是必须经过必要的发展阶段,我们常说SaaS是一门慢生意,就是因为SaaS需要多阶段发展。

SaaS的增长过程要经过四个阶段:启动、规模化、业务优化和经营常态,如图11-1所示。每个阶段有不同的增长指标,通过对这些指标进行协同控制,可以避免增长阶段遇到各种严重问题,比如,增长和盈利关系的失衡、规模化和投入的失衡。

图11-1 SaaS增长的四个阶段

1. 启动阶段

SaaS公司在运营初期,因为需要巨额的投资开拓新客户和占领市场,所以不可避免地会产生财务损失。这也是SaaS模式独有的投资特点,如果此时为了减少亏损而限制投入,可能会失去未来的增长机遇。

2. 规模化阶段

随着 SaaS 公司规模的扩张，获客成本快速消耗。因为 SaaS 的递延收入模式，此时的收入规模相对较小，而获客成本逐渐增加，所以会导致现金流短缺和亏损扩大。此时，公司亏损的速度与增长速度成正比。

3. 业务优化阶段

因为扩张导致了亏损和现金流问题，必须立即进入业务优化阶段才有可能尽快达到盈亏平衡和正向现金流状态。随着规模效应初步形成，迫使 SaaS 公司开始优化业务和流程。通过降低获客成本和形成规模化的订阅收入，最终达到盈亏平衡。

4. 经营常态阶段

通过业务优化阶段，随着销售效率和客户留存率的提升，SaaS 公司的经营最终进入规模化上升的经营常态。

11.3　增长的指标

SaaS 的增长是由诸多因素决定的，其复杂性在于这些因素之间是相互关联的。所以对增长的控制和管理也是一个复杂的过程，如果这些因素和指标没有厘清，SaaS 的增长结果也是难以预料的。

如果要将 SaaS 做成一门好生意，必须解决四个方面的问题：规模化、增长、盈利和可持续性。因为这四个方面紧密相关，所以我们很难单独从某一个方面入手，必须综合考虑和平衡这四个维度及其下属的多个指标。只有厘清所有指标，才能解决指标背后的问题，实现健康的增长。这四个方面的问题代表了 SaaS 增长指标体系的四个维度，而每个维度下面又对应着多个指标。

1. 规模化维度

SaaS 的规模化需要具备必要的条件，比如，选择公司最擅长的领域、完成产品与市场匹配的验证、招聘足够的销售人员、使用优化和高效的销售流程以及合理的价格。规模化意味着业务可复制，主要指标包括：订阅收入倍增、销售人效提高以及公司估值增长，规模化的指标结构如图 11-2 所示。

图 11-2　规模化的指标结构

2. 增长维度

前面讨论过，单纯追求客户数的增长或者收入的增长，都可能给公司经营带来严重的后果，所以，增长指标体系必须协同、平衡客户和收入的增长。

客户增长并不单指客户数量的增长,而是平均客户终身价值和客户数相结合产生的最大化价值,即价值的长度和宽度。同样,收入的增长也不单指总合同额,还包括年度合同价值和递延收入,用 SaaS 的标准看待收入的质量,正确反映可持续性增长的要求。增长的指标结构如图 11-3 所示。

图 11-3　增长的指标结构

3. 盈利维度

决定盈利的三个指标要素是成本、利润和现金流。在第 3 章讲 SaaS 商业的盈利模式时,这几个指标都详细讨论过。

SaaS 经营的关键在于对成本的控制和管理,如果严控成本投入,可能会失去增长的机会;但如果过度投入,又会产生亏损和现金流问题,让经营陷入困境。由于 SaaS 商业模式的特殊性,除了获客成本外,还要投入服务成本,以维护客户终身价值。

除了成本外,决定盈利的还有利润,而经常性收入的数量以及质量又决定了盈利。为了评估企业经营的健康情况,我们把现金流也放在盈利维度。

可以看到，盈利这个维度背后对应了太多的经营动作，整个经营的过程也是优化盈利的过程。盈利的指标结构如图 11-4 所示。

图 11-4　盈利的指标结构

4. 可持续性维度

SaaS 的商业模式决定了其经营是一个长期的过程，所以 SaaS 的可持续性指标非常重要。决定 SaaS 可持续性的要素主要是效率和客户留存，其中效率又包括销售效率和服务效率，服务效率又会影响客户留存。可持续性的指标结构如图 11-5 所示。

图 11-5　可持续性的指标结构

11.4　阶段与指标的对应关系

增长指标包含收入增长和客户增长，虽然我们清晰定义了增长的阶段和增长的指标，但是在运营过程中会发现，阶段与指标存在对应关系，即在不同的增长阶段，我们关注的指标是不同的，这一点需要特别注意。图 11-6 所示是阶段与客户增长的对应关系。

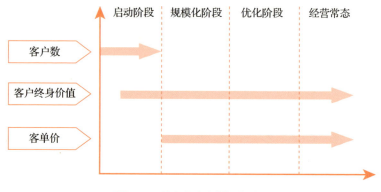

图 11-6　阶段与客户增长的对应

从图 11-6 中我们很容易看出：在启动阶段我们需要特别看重客户数量；只有进入规模化阶段，我们才需要关注客单价；而客户终身价值则是整个增长过程都需要关注的。反之，如果弄错了对应关系，经营就会出现偏差。在进入经营常态后，如果仍然强调客户数量，就会发生阶段回退。如果启动阶段猛抠客单价，等到客户数上来之后又不关注客单价，即任意降价，会造成利润降低。

11.5　增长的驱动要素

定义和研究增长指标数据不是目的，找出指标背后的增长驱动要素才是 SaaS 运营的关键。

11.5.1　产品与增长

好产品永远是增长的基础，但是如果还未能证明产品与选定的利基市场完全匹配，就不具备规模化和增长的基础。如果此时就招聘大量的销售人员进行销售，一旦市场受阻，招聘来的销售员就会变成闲置人员，招聘和培训的成本也会被浪费。特别是如果此时就高薪挖来销售副总裁或者销售总监，情况可能更加麻烦。所以，在正式招聘和组建销售团队之前，必须先以实际销售结果证明产品可以卖得出去。

有创业者认为只要顺利通过 MVBP 的验证，产品就可以开始大规模销售了。理论上可行并不等于真的能把产品卖出去，即使决定开始销售，初期的销售也必须由创始团队成员，甚至是 CEO 亲自完成，也只有这样，创业团队才能知道销售应该如何布局。初始销售过程是一个认知产品对应需求的好机会，但是如果把这个过程委托给他人完成（如果创始成员都是技术人员出身，通常会这样做），无论产品是否适配客户需求，公司都不会得到真正的认知。

11.5.2　销售与增长

销售团队在增长中的作用不言而喻，但是在现实情况下，销售团队对于增长的作用要么是没有充分发挥作用，要么是对增长起到相反的作用，比如过高的获客成本、产生低质量的客户。

我在做 SaaS 培训的过程中也发现，其实大多数 SaaS 公司是有销售规范的，也就是说，对于应该如何销售才有利于增长，销售人员心里是清楚的。实际上，销售团队对增长所起的作用是正向的还是反向的，并非完全取决于销售能力，也要看销售团队的自律程度，这也是 SaaS 行业对销售团队的特殊要求。

很多客户希望通过我的 SaaS 销售培训，能够把销售团队变得更自律一些，事实证明这件事非常难。我看了一些公司的招聘过程后发现，那些自律性好的销售团队是从招聘就开始建立和培养的。所以，这里就不再讲那些"应该"的规则，稍微跑题一下，讨论一下 SaaS 公司怎样招聘，才能形成自律的销售组织。

对于初创 SaaS 公司来说，解决招聘问题最简单的方法是先招聘一位熟悉 SaaS 行业的 HR，而不是有丰富人力资源经验的 HR；也就是在同行公司中挖，而不是在有大公司经验的人群中找，这一点经常被 SaaS 公司忽略。一个 SaaS 行业的资深 HR 自带 SaaS 销售员画像能力，同时在圈子里有丰富的人脉资源，可以减少人员试错的成本。一般来说，资深的 SaaS 销售更遵守规则，也有更好的自律性。

除了招聘销售人员之外，建设销售团队还有一件重要的事情，就是销售团队负责人或销售副总裁的聘任。这件事之所以重要，主要有两个原因：首先，一个销售团队能否自律，主要取决于领导人；其次，公司能不能实现增长，很大程度上取决于销售领导人，这一点从岗位职责要求就能看出来。

❑ 主持招聘：聘用销售副总裁的目的并不是让他做销售，

而是要让他招聘、培训并指导其他销售人员开展工作。
- 亲自出马，帮助销售团队：指导和帮助销售人员完成签约，而不是代替他们完成。在有大客户时，销售副总裁必须亲自出马，帮助拿下大单。
- 制定各项计划：包括制定销售薪酬计划、业绩指标、培训计划、入职培训等。
- 制定销售策略：包括应当进入哪些细分行业市场、要解决的主要障碍、监控哪几个核心指标。
- 与公司战略保持一致：销售负责人的大局观表现为认可 SaaS 的销售模式，而非把公司带入完全的销售驱动模式。

SaaS 公司在不同的发展阶段需要不同类型的销售领导人。这里摘录了硅谷创业公司不同发展阶段的销售副总裁画像。虽说中外 SaaS 公司的发展有所不同，但在销售发展阶段上还是比较相似，所以这个画像具有很大的参考意义。

画像 1：The Evangelis，即"福音传播者"。他们能立即上手展开销售，并签下合同，使公司的销售额从 0 达到数百万。看起来公司似乎找到了合适的销售领导人，但是如果真的聘用这种福音传播者，很可能是一个错误的决定。因为前面我们已经说过，初始阶段的销售应该是由创始成员或者 CEO 亲自完成。

画像 2：Mr.Make-It-Repeatable，即"可重复性收入创造者"。因为目前公司还没有扩大和预测收入的能力，销售副总裁的工作就是让"那些经常发生，却不知道原因何在的事情"变成"不断重复发生，且公司知道其原因的事情"。

可重复性收入创造者能让销售过程变得顺畅，收入会立即增长，比如销售收入可以从数百万做到数千万。因为他们既知道如何成交业务，也知道如何招募、雇用并培训员工。公司销售体系的发展从"一无所有"到"有所建树"，再到"可重复的系统"，这是规模化增长的组织基础。

画像3：Mr.Go Big，即"将公司做大做强的人"。他们能让公司销售从"百尺竿头"到"更进一步"，可能会让公司的销售额从数千万元上升到几亿元。公司想从规模化阶段发展到业务优化阶段，更需要这样的销售副总裁。

画像4：Mr.Dashboards，即"仪表盘专家"。相当于从大型外企跳槽出来的高管。仪表盘专家精通销售之道，知道如何做内部展示，董事会可能也挺欣赏这样的人。他每天做的事不是盯着仪表盘思考，就是与经理们开会，脑子里想的都是该怎样针对团队做出改变，提高仪表盘上的数据以及如何获得更多的资源。国内的SaaS公司都是创业公司，增长阶段并不需要这样的销售副总裁，一般是经过了增长阶段之后的稳态阶段才可能需要。

11.5.3　专业化与增长

如果销售团队没有实现专业化，就无法提高销售效率，也就不可能实现增长。实现销售专业化需要考虑如下问题。

1. 为什么增长离不开销售专业化？

从增长的角度来看，销售专业化的目的只有一个，就是提高销售效率。在一个没有专业化的销售组织，销售既要负责拓展客源，又要负责成交，有的公司还要求销售员负责客户服务。这样做的结果只能是什么也做不好。关键是这样会极大降低销售效率，业绩目标完不成，销售员可能会一走了之。

实际上，销售专业化已经成为 SaaS 行业的销售标准。

2. 销售该不该自己去拓客？

在不同的 SaaS 公司，这是一个有争议的问题。在传统的软件公司销售必须自己找线索，没人在乎销售的效率问题，就算三年不开张，一旦开张也能吃三年。对于 SaaS 销售来说，专业销售的优势在于成交，而在拓客方面没有任何优势，或者说根本不擅长。硬要安排他们去寻找潜在客户，只能降低他们的销售效率。

但是，这并不是说专业销售就要坐等机会上门。实际上，专业销售会主动拓展和关注那些有战略价值的行业客户，他们有的放矢，而不是漫无目的地给陌生客户打电话、发邮件，甚至扫楼。

3. 小公司如何实现专业化？

有人问我：我们公司销售部只有十几个人，要是都不去找客户，我们的线索从哪里来，这十几个销售人员岂不是没事可做了？所以小公司销售不需要专业化吧？

实际上，越小的公司才越要做到销售专业化，专业化是一种能力的外在表现，能给潜在客户以信任感。小公司要做的就是必须让客户从销售人员身上，看不出这是一家小公司，而这一点唯有专业化才能做到。

再回到小公司销售专业化的问题上，我给他们提了三个方案：第一个方案是从销售团队中抽调1到2名销售人员，负责寻找潜在客户；第二个方案是招聘1到2名SDR；第三个方案是把每位销售人员的工作时间分出20%～30%用来拓展客源。根据公司的实际情况，他们先是采用了第三个方案，在体会到成交与拓客分开处理的好处后，他们最后选择了第二个方案，将线索拓展彻底独立于销售，销售效率得到了明显的提升。

4. 专业化分工是否使客户产生不信任感？

销售毕竟都是面向人的，与客户长期保持良好关系，能够建立与客户之间的信任感。不可否认，如果SDR把潜在客户交接给销售人员，会影响和客户已经建立起的信任关系。

销售体系必须制定潜在客户的转交流程，这中间有不同的转交方法，目的都是转移信任关系，让潜在客户认为是通过SDR，获得了更好的业务资源。比如，我原来公司的销售人员会把我这样转交给客户：王总，真是太巧了，我上次跟您提到的代老师做过很多同类企业的咨询和实施，要不我帮您约一下跟他交流？

在我的印象里，还没有客户拒绝过销售人员的建议。不过这需要一个前提，即销售方式是价值型销售。所以，只要做好客户转交流程，绝大多数的情况下都不会转交失败。当然，如果销售人员用的是关系型销售，转交几乎都会失败。

11.5.4 客户规模与增长

从规模化增长的视角看，做小客户和大客户哪个更有利？这在 SaaS 销售领域一直是一个有争议的问题。在我接触到的 SaaS 公司中，很少有公司有大客户拓展计划。

国内的小企业数量多，也更容易成交，也就是说，做小客户的 SaaS 公司总会有收入。但这只是增长的初始阶段，当公司增长进入规模化阶段，只做小客户显然很难实现增长。特别是国内的中小企业，签约可能相对容易，但是如果考量客户质量，能被评为普通级的可能都不多。所以，当 SaaS 公司的增长进入规模化阶段之后，就必须做大客户。比如对于大客户来说，做到 LTV/CAC>3 都没有问题。

大客户这笔账谁都会算，只是因为做大客户有难度，大家才不愿意主动去做大客户。其实，很多 SaaS 销售人员对于大客户销售存在误解，以至于很多销售人员被这种根深蒂固的观念所误导，不敢去尝试。对于大客户容易产生四个方面的误解。

1. 大客户都是大系统

从国外 SaaS 领域看，除了 Salesforce 等少数大企业的平台产品之外，绝大多数 SaaS 产品都不是系统级的，而是业务级的。比如 Zoom、DocuSign、ServiceNow、Twillo、Slack 等，它们都仅面向一个具体的焦点业务。从用户侧看，企业购买 SaaS，大部分也只是在某些部门或业务线使用，这样就跟公司规模大小没有关系了。从这个意义上讲，大客户其实并不"大"。

2. 做大客户必须靠关系

做销售，关系永远是绕不开的话题，但在 SaaS 销售领域，关系不是起决定作用的因素。因为 SaaS 销售既非订单式销售，也不是大项目。加之大企业内部的监督和审计机制完善，灰色利益关系越来越没有市场和操作空间。完全靠做关系成交 SaaS，实际上要比正常途径更有难度。

3. 大客户销售周期太长

因为没有专用的 SaaS 销售/采购流程，所以客户都用软件采购流程代替 SaaS 采购流程。为了避免买错，软件采购流程的评估过程极其复杂，当然也耗时费力。SaaS 大客户销售周期太长，是因为销售和采购的方式都错了。专业销售都采用 SaaS 销售流程，可以大大缩短销售周期。也就是说，大客户 SaaS 的销售周期也可以很短。

4. 大客户需求太复杂

小客户做习惯了，总会觉得大客户的需求无比复杂。实际上，一个行业的业务复杂性是由业务逻辑决定的，与客户的规模无关。大客户的需求不是复杂，而是更加规范，因而也更稳定。

其实，SaaS 做大客户更有利于增长，主要有以下四个理由。

1. 只有大客户才有真需求

大企业的业务经过长期优化,已经非常规范和稳定了。从需求角度看,只有稳定的业务需求才是真实的需求。SaaS 产品的基准和边界应该向大企业看齐,稳定的需求才更容易复制,这是规模化的产品基础。

2. 大客户都是优质客户

大客户经过对 SaaS 产品的严格业务评估,确定了业务匹配性。经过与原有业务系统的对接集成,使 SaaS 融入现有的企业信息平台,一经形成就不会轻易放弃。所以,大部分大客户都是优质客户,它们对于 SaaS 企业收入增长的持续性更有利。

3. 行业标杆的商业价值

树立行业客户标杆,对于 SaaS 创业公司具有非常重要的意义。特别是如果能拥有行业龙头企业的服务案例,还能产生"批量"转介绍的效果。

11.5.5 渠道与增长

因为客户分布在全国各地,如果 SaaS 公司只靠直销,不太可能完全覆盖市场,所以也无法获得规模化的增长。对于直销,除了市场覆盖问题外,销售人员的差旅费用等支出更是直接导致获客成本居高不下的原因。所以,建立渠道代理商体系势在必行。

但是,由于 SaaS 商业模式的特殊性,我们既不能像卖电脑那样走货,也不能像软件渠道伙伴那样代理 SaaS。SaaS 渠道代理商有其独特的能力画像，在建立渠道体系前，一定要先弄清楚画像再发展。

关于发展渠道伙伴，需要关注以下四个关键问题。

1. 所有的 SaaS 都适合代理模式吗？

从 SaaS 产品形态来看，大部分 SaaS 都是业务级的，而非系统级。也就是说，大部分 SaaS 都类似"开箱即用"的软件，比如协作工具、项目管理等。因为不需要代理商再附加什么内容，所以大部分 SaaS 都适合代理方式。

如果 SaaS 不涉及客户的具体业务，如 OA，只需要代理商做一些流程设计和配置工作，这种情况虽然比前一种麻烦，但也是可以代理的。

如果 SaaS 是涉及客户核心业务的解决方案，比如供应链管理（SCM）、CRM 等，这种情况就类似软件的业务系统。因为需要给出解决方案并提供实施交付，所以要求代理商要达到与原厂商同样的水平。这需要有跟随原厂商数年的服务经验才能达成，而实际上，SaaS 原厂商的经营时间也才短短数年。所以，这种情况下的 SaaS 就不适合普通代理方式，因为可能会影响规模化复制。

2. 责任区分

在渠道代理模式中，代理商只是完成了 SaaS 的销售工作，为了获得更高的客户终身价值，还需要有实施和客户成功团队为客户提供服务支持。如果是代理商提供实施和 CSM，只要采用与原厂相同的流程就没有问题。这相当于复制了原厂商包括销售、实施和服务的全业务团队，也就是全责型的代理商。

然而，现实中这种理想的代理商既难找也难谈。因为代理商要养活这么大的团队，其销售效率应该比原厂商更高才行，这显然不太现实。实际上，较早发展的代理商，是把 SaaS 当作电脑或开箱即用软件产品来销售的，甚至可以简单理解为卖账号。这种情况下，代理商会有利润，但是如果加上实施和 CSM，就有可能亏本。

如果代理商只负责销售，其他工作均由原厂商解决，看起来只是把一部分获客成本甩给代理商了，其实带来的客户质量问题要比成本问题严重得多。还记得我们前面讨论的获客质量评估和 CSM 转交流程吗？那个流程只适用于组织内部，在两个组织之间是无法执行的。如果代理商签的客户质量不够高，厂商的 CSM 很难接手，客户到期不续约的可能性很大，这样的客户就不如不做。与软件销售不同，SaaS 获得的客户首年订阅收入可能既不够 CSM 的成本，也不够代理商的获客成本。

在合格代理商画像中，必须考虑责任的分界问题。一般情况下，考虑到 SaaS 的客户生命周期依赖于连续的服务，代理商应该具备提供销售、实施交付和客户成功的连续服务能力。但是这个要求可能会与代理商的利益产生冲突，代理商的投入与所获得的收益要成正比，这就需要在利益分配上做出平衡。

3. 收益分配关系

代理商与厂商分配的收益主要包括两个部分：首年订阅收入

（也包含一次性收入）和续费。如果需要实施，实施费归实施提供方所有。按照一般代理业务规则，首年订阅费需要按比例分配，而在续费的分配问题上则有不同的观点。

一种观点认为，代理商应该少分甚至不分续费收入，这对于不提供 CSM 的代理商来说还算合理。另一种观点认为，首年订阅费和续费都应该在厂商和代理商之间进行均等分配，当然，必须是在代理商提供了 CSM 服务的前提下。目前争议的模糊点在于：代理商提供的是"售后服务"，而不是客户成功，说白了就是维持客情关系。在这种情况下，均等分配原则就是不合理的，因为售后服务不能产生与客户成功同等的效果。

按照第一种观点会产生什么后果呢？如果代理商从续费中不能获得足够的收入，它们就可能不会关注客户质量，即只以成交为目的。结果大概率是厂商和代理商分配完首年收入，然后就没有后文了。这个收入有多少呢？大约相当于同类软件收入的 1/3，这显然是不够分的。再说得严重一点，这个生意代理模式是不成立的。

我们再看第二种观点，如果厂商和代理商均分首年订阅收入和续费收入，在销售效率够高时，代理商的收入可能大于其综合成本，即有利可图。为了激励代理商，厂商可以在首年订阅收入中，让代理商占大头，比如 60%～70%，对于战略型客户则另当别论。

责任与利益永远是对等的，代理商必须提供与厂商相同的客户成功标准。为什么说这种分配是比较公平的呢？即使厂商在首年收入中占了"小头",但是因为这个客户的获客成本几乎为 0,所以厂商获得的 LTV 毛利率非常高。

4. 渠道建设

因为代理商分走了大部分收入,有些厂商觉得自己"吃亏"了。再加上目前 SaaS 行业的渠道代理机制不规范,厂商和代理商实际上都没有赚到多少钱,所以 SaaS 行业不太看好渠道代理模式。

前面我们已经根据获客成本和客户终身价值两个指标,说明了即使代理商分走"大头",厂商也会不但没有吃亏,还能获得高毛利的收入。所谓吃亏,是指收入总量上的减少,这对于普通交易来说的确是吃亏了,但是对于 SaaS 业务来说,收入主要来自持续的续费,因此从 SaaS 收入模式看并没有吃亏。

实际上,目前 SaaS 代理业务的最大问题是如何优选和优化渠道代理商。如果代理商能力不达标,SaaS 的渠道代理模式就很难成立。即使现在看起来做得还不错的代理商,基本采用的也是软件代理模式。除了一些简单工具型的 SaaS 以外,依靠软件代理模式的 SaaS 代理商很难走得远。

解决渠道代理问题的根本是重新认识 SaaS 的渠道建设问题。只有突破渠道障碍,才可能实现规模化增长。发展渠道代理商,需要关注以下四个方面。

(1)代理商要求

代理商必须具备三类岗位:销售、实施和客户成功。销售线索来自厂商总部和销售自开拓,业务流程涵盖了获客、成交、交付和服务。这些资源投入是刚性要求,也是 SaaS 代理模式成立的基础。

(2)代理商选择

目前 SaaS 代理商的来源多种多样,有原来做软件代理的,有做互联网服务的,有同时代理多家 SaaS 产品的,还有从 SaaS 公司跳出来创业的。因为资源和能力不同,也没有有效的画像标准。整体来看,目前 SaaS 的代理市场是无序和混乱的。

如果说代理商选择有什么标准的话,那就是严格按照代理商的能力画像标准,宁缺毋滥。若选择了不合格的代理商,后续的培训、管理和业绩都无从谈起;如果对原厂商的声誉带来损害,还可能会失去本地市场,与增长的愿望事与愿违。

(3)代理商培训

资源投入只是代理商的硬件,还需要软件配合才能让他们发挥作用。所谓软件就是培训,用互联网流行语就是赋能。

我在帮助 SaaS 公司做代理商培训的过程中发现,一些代理商培训的内容达不到标准,比如,只是培训产品或者一些理念,这样其实起不到实际作用。

怎样评估代理商培训是否达标呢?其实很简单,厂商内部各个岗位是什么标准,代理商培训就是什么标准。如果厂商内部没有标准,就不要指望代理商能超常发挥了。在很多情况下,事实也是如此,在培训代理商之前,需要先把厂商内部的培训内容捋顺。

（4）代理商管理

SaaS 商业模式的特殊性决定了 SaaS 代理业务管理与传统软件代理业务也有不同之处。厂商与代理商之间除了是业务合作伙伴的关系外，厂商应该把代理商当作客户，而不是纯粹的走货渠道。

渠道管理工作的重点如下。

- 渠道经理负责选择区域内的代理商，帮助其建立符合厂商标准的组织体系。
- 渠道经理与区域代理商一起估算目标市场规模，约定目标销售额，根据分解目标对其进行督促。
- 为代理商所有岗位提供符合标准的培训，向其输出行业最佳实践和解决方案。
- 帮助代理商签约和交付战略级客户。
- 为代理商提供市场和品牌支持。

11.6　本章小结

本章阐述了 SaaS 增长的目标和指标体系，定义了 SaaS 增长的四个阶段，说明了每个阶段对应不同的关注指标；讨论了 SaaS 增长的关键驱动要素，最后对渠道代理商的合作模式进行了深入的讨论。

推荐阅读

客户成功：持续复购和利润陡增的基石

这是一部从企业和个人（客户成功团队）双重视角讲解客户成功的著作，从商业模式、职业技能、工作方法、团队管理、行业经验、客户运营等多个维度对客户成功进行全面阐释。一方面，不仅能帮助企业从0到1搭建客户成功体系，而且能指导企业更好地为客户服务，让客户留存并持续复购，与客户共同保持持续增长；另一方面，既能帮助客户成功经理全面认识这个职业和掌握工作所需的必备技能，又能快速领略和吸收作者在客户成功领域的多年经验。

推荐阅读

策略产品经理实践

这是一本全面梳理策略产品经理知识图谱、系统总结策略产品经理方法论、深入挖掘策略产品经理技巧的著作。策略产品经理是产品经理领域的一个细分新兴岗位,逐渐成为产品经理岗位的核心。

作者在策略产品领域有多年经验,不仅从0到1主导过30余个产品项目,而且经历了产品从日活3500万到日活过亿的策略设计全过程。本书得到了行业中多位产品专家的高度评价。